首都圏版⑧　**最新入試に対応！家庭学習に最適の問題集!!**

学習院初等科

2022年度版　過去問題集

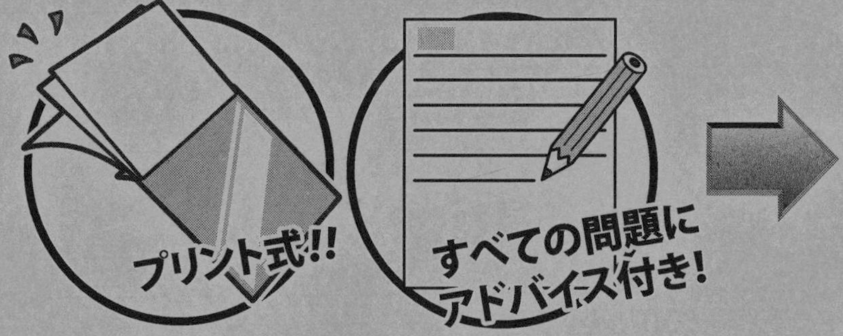

<問題集の効果的な使い方>

①お子さまの学習を始める前に、まずは保護者の方が「入試問題」の傾向や、どの程度難しいか把握します。もちろん、すべての「学習のポイント」にも目を通してください

②各分野の学習を先に行い、基礎学力を養いましょう！

③「力が付いてきたら」と思ったら「過去問題」にチャレンジ！

④お子さまの得意・苦手がわかったら、その分野の学習を進め、全体的なレベルアップを図りましょう！

2015～2021年度
過去問題を
掲載
＋
各問題に
アドバイス付!!

日本学習図書 ニチガク

目指せ！合格！

家庭学習ガイド
学習院初等科

巧緻性　運　動　行動観察　個別テスト　口頭試問　保護者面接

入試情報

応募者数：非公表
出題形態：ノンペーパー
面　　接：保護者
出題領域：巧緻性、運動、行動観察、
個別テスト（お話の記憶、推理、生活巧緻性）・口頭試問

入試対策

当校の入試のテーマは一貫して「コミュニケーション能力」です。2021年度の個別テストでは、「お話の記憶」「推理」「生活巧緻性」などの分野から出題されましたが、知識や思考力は基礎的なものが備わっていれば、問題なく対応できるものばかりです。難問に取り組むよりは、指示の理解と実行、質問に沿った解答ができるといったコミュニケーション能力を伸ばした方が、より効果のある対策学習になるでしょう。集団での「運動」や「行動観察」も観点は変わりません。「勉強より生活体験を積むべき」という姿勢が徹底されている入学試験です。

●生年月日によって試験日が決まります。他校と併願する場合には、スケジュールに注意が必要です。

●知識を問うというよりも、生活体験を積んでいるかどうかを観る問題が多く出題されています。知っているではなく、経験していることが重視されるので、日常生活の中での学びを大切にしてください。

●面接は5～7分程度と短く、突っ込んだ質問はありません。本書に掲載されている程度の質問には答えられるようにしておきましょう。

「学習院初等科」について

＜合格のためのアドバイス＞

当校のような個別テスト・口頭試問が主体となる試験は、問題に対する答えだけでなく、解答を導き出すまでのプロセスや、発表中の態度も観点となっています。こういった面での成長は、一朝一夕にはできません。「指示を聞く」、「自ら考えて人に伝える」、「話を聞く態度」「待つ姿勢」といったコミュニケーションの基本行動ができるように、日常生活の中で練習しておきましょう。

そういった意味では、当校の入試対策には、保護者の方の工夫が重要です。例えば、いくつかのリンゴが描かれた絵を使用し、数に関する問題に答える場合は、リンゴの数だけではなく、同じ仲間のもの（くだもの、赤いものなど）を５つ挙げる、あるいは、同じ季節のものを５つ挙げるなど、出題以外のことを聞いてみるのもよいでしょう。保護者の方が柔軟な姿勢で指導を行うことで、お子さまにも臨機応変の思考力が身に付きます。

簡単そうに見える問題の中にも、考えさせる要素を含んでいることが多いので、よく聞いて考えるということが必要です。

「なぜそう考えたのか」「どうしてこうなったのか」といった言葉かけを行いながら、親子で楽しむことが学習を継続するコツの１つですが、当校の入試全般に対してもそういった姿勢で乗り切ることが合格への近道です。

〈2021 年度選考〉

◆巧緻性
◆運動
◆行動観察
◆個別テスト・口頭試問
◆保護者面接（考査当日に実施／５～７分程度）

◇過去の応募状況

2021 年度	男女約 750 名
2020 年度	非公表
2019 年度	非公表

入試のチェックポイント

◇受験番号は…「生年月日逆順」
◇生まれ月の考慮…「あり」

〈本書掲載分以外の過去問題〉

◆観察：テストの合間の待機時間に、DVD 鑑賞をする［2020 年度］
◆巧緻性：指示にしたがって、糸にビーズを通す［2012 年度］
◆巧緻性：てるてる坊主の絵の外側をはさみできれいに切る。［2010 年度］
◆言語：昔話の絵を見て、その内容を話す。
知らない場合は、絵に関連した話をする。［2008 年度］
◆運動：忍者のポーズでリズム運動。［2007 年度］
◆運動：片足バランス［2006 年度］
◆運動：回っている大縄の下をくぐり抜ける。［2006 年度］
◆観察：６種類の中から、同じ重さ、１番軽いものなどを手で量り、選ぶ。［2005 年度］
◆観察：２種類の積み木の塔を見て、違いを指摘する。［2005 年度］

(得) 先輩ママたちの声！

◆実際に受験をされた方からのアドバイスです。
ぜひ参考にしてください。

学習院初等科

・ノンペーパーテストなので、子どもにとっては何がよくて何が悪いのかがわかりにくい問題もあります。過去問題は子どもにやらせるだけでなく、保護者もしっかり目を通し、準備する必要があると思います。

・行動観察や運動、制作などの問題が多いため、過去問題に取り組む際は保護者の準備に思ったより時間がかかります。早めに取り組むことをおすすめします。

・保護者のほとんどの方が紺色系のスーツを着用されていました。

・先生方の対応はとても親切で、素晴らしかったです。

・子どもの待ち時間のために、折り紙などを持って行くとよいと思います。

・上履きに履きかえる時から最後まで、落ち着いて、ゆっくり行動することを心がけました。

・早生まれの息子に対して不安がありましたが、試験が終わった後「よくできた、楽しかった」と言っていたので安心しました。

・お行儀よくすることだけを考えるのではなく、ふだんの生活でお友だちや、おもちゃなどを大切にすることを教えていくとよいのではないかと思います。

・説明会や公開行事が少ないので、事前に日程を確認し、できるだけ出席した方がよいと思います。

学習院初等科

過去問題集

〈はじめに〉

現在、少子化が叫ばれているにもかかわらず、私立・国立小学校の入学試験には一定の応募者があります。入試は、ただやみくもに学習するだけでは成果を得ることはできません。志望校の過去における出題傾向を研究・把握した上で、練習を進めていくこと、その上で試験までに志願者の不得意分野を克服していくことが必須条件です。そこで、本問題集は小学校を受験される方々に、志望校の出題傾向をより詳しく知って頂くために、過去に遡り出題頻度の高い問題を結集いたしました。最新のデータを含む精選された過去問題集で実力をお付けください。

また、志望校の選択には弊社発行の「**2022年度版　首都圏・東日本　国立・私立小学校　進学のてびき**」をぜひ参考になさってください。

〈本書ご使用方法〉

◆出題者は出題前に一度問題を通読し、出題内容などを把握した上で、**〈準備〉**の欄に表記してあるものを用意してから始めてください。

◆お子さまに絵の頁を渡し、出題者が問題文を読む形式で出題してください。問題を読んだ後で、絵の頁を渡す問題もありますのでご注意ください。

◆**「分野」**は、問題の分野を表しています。弊社の問題集の分野に対応していますので、復習の際の目安にお役立てください。

◆一部の描画や工作、常識等の問題については、解答が省略されているものがあります。お子さまの答えが成り立つか、出題者が各自でご判断ください。

◆**〈時間〉**につきましては、目安とお考えください。

◆解答右端の［○年度］は、問題の出題年度です。［2021年度］は、「2020年の秋から冬にかけて行われた2021年度入学志望者向けの考査で出題された問題」という意味です。

◆**学習のポイント**は、指導の際にご参考にしてください。

◆**【おすすめ問題集】**は各問題の基礎力養成や実力アップにご使用ください。

〈本書ご使用にあたっての注意点〉

◆文中に**この問題の絵は縦に使用してください。**と記載してある問題の絵は縦にしてお使いください。

◆**〈準備〉**の欄で、クレヨンと表記してある場合は12色程度のものを、画用紙と表記してある場合は白い画用紙をご用意ください。

◆文中に**この問題の絵はありません。**と記載してある問題には絵の頁がありませんので、ご注意ください。なお、問題の絵の右上にある番号が連番でなくても、中央下の頁番号が連番の場合は落丁ではありません。

下記一覧表の●が付いている問題は絵がありません。

問題1	問題2	問題3	問題4	問題5	問題6	問題7	問題8	問題9	問題10
	●					●	●	●	
問題11	問題12	問題13	問題14	問題15	問題16	問題17	問題18	問題19	問題20
			●	●					
問題21	問題22	問題23	問題24	問題25	問題26	問題27	問題28	問題29	問題30
●				●	●	●			
問題31	問題32	問題33	問題34	問題35	問題36	問題37	問題38	問題39	問題40
	●	●	●	●					
問題41	問題42	問題43	問題44						

◎学習効果を上げるため、前掲の「家庭学習ガイド」及び「合格のためのアドバイス」をお読みになり、各校が実施する入試の出題傾向を、よく把握した上で問題に取り組んでください。
※冒頭の「本書ご使用方法」「本書ご使用にあたっての注意点」も併せてご覧ください。

2021年度の最新問題

問題1　分野：巧緻性

〈準備〉　ひも（60cmと30cmのもの、各1本）、ストロー（3本）、ハサミ
※問題1の絵を参考にして、3本のひもを用意しておく。

〈問題〉　**この問題の絵は絵を参考にしてください。**

①（用意したひもを見せ、60cmのひもとハサミを渡して）これと同じようにひもを切ってください。
②（ストロー3本と30cmのひもを渡して）3本のストローをチョウ結びでまとめてください。

〈時間〉　①1分　②30秒

問題2　分野：運動（模倣体操、ケンケン）

〈準備〉　カラーコーン4本、ビニールテープ

〈問題〉　**この問題の絵はありません。**
①（カラーコーン4本を四角になるように配置しておく）
笛が1回鳴ったら行進してください。笛が2回鳴ったら、右手と右足、左手と左足を同時に動かして歩きましょう。
※説明といっしょに先生がお手本を見せる。その場で練習した後、配置されたコーンの周りを歩く。
②ポップコーンが入ったカゴを頭の上に載せたつもりで、しゃがんだり立ったりしてください。先生といっしょにやってみましょう。
※説明といっしょに先生がお手本を見せる。2～4回繰り返す。
③笛が鳴ったら、線を踏まないようにケンケンをしてください。もう一度笛が鳴るまでがんばりましょう。
※線をまたぐように、左右にジャンプする。左右両足で行う。各10秒間。

〈時間〉　適宜

問題3　分野：行動観察（集団ゲーム）

〈準備〉　体操マット、フープ（赤1つ、白3つ）、カゴ、お手玉（12個）
※あらかじめ問題3の絵のようにフープとカゴを設置しておく。

〈問題〉　**この問題は絵を参考にしてください。**
（3～4人のグループで行う。）
1人ずつ、フープの中に並んでください。赤いフープに入ったら、そこからカゴにお手玉を投げて入れてください。投げ終わったら、列の後ろのフープに入ってください。お手玉をすべて投げたら、3つ並んでいるフープに横に並んで座ってください。

〈時間〉　適宜

問題4　分野：個別テスト（お話の記憶）

〈準備〉　問題4の絵を枠線に沿って切り離し、カードにしておく。

〈問題〉　今日は、ウサギさんの家で誕生日パーティーがあります。ウサギさんはお家で料理をして、ゾウくんとリスさんはお部屋の飾り付けをしています。タヌキくんはウサギさんに「牛乳とニンジンとケーキを買ってきて」と頼まれたのでスーパーに行きました。牛乳とニンジンを買って店の外に出ると、クマくんと会いました。「今日はウサギさんのお誕生日だよね」と聞かれたので「そうだよ。クマくんもおいでよ」と答えました。タヌキくんがそのままウサギさんの家に戻ると、ウサギさんに「ケーキはどうしたの？」と聞かれました。タヌキくんはクマくんと話をして、ケーキのことをすっかり忘れていました。

（カードを志願者の前に置く）
①お部屋の飾り付けをしていたのは誰でしょうか。カードを指さしてください。
②タヌキくんが買ったのは何ですか。カードを指さしてください。

〈時間〉　適宜

問題5　分野：個別テスト（推理）

〈準備〉　なし

〈問題〉　（問題5の絵を渡して）左の四角に描いてある観覧車が矢印の方向に回ります。右の四角のようになった時、イチゴとサクランボのところにはどの記号が描いてあるでしょう。下の四角から選んで指差してください。

〈時間〉　適宜

問題6　分野：お話作り

〈準備〉　あらかじめ、問題6のカードを線に沿って切り離しておく。

〈問題〉　8つの絵から3枚の絵を使って、お話を作ってください。

〈時間〉　5分

問題7　分野：面接（保護者）

〈準備〉　なし

〈問題〉　**この問題の絵はありません。**

（父親に対して）
・本校にどのような教育を求めていますか。
・お子さまに誇れることは何ですか。
・最近どのようなことでお子さまを褒めましたか。
・お子さまとどんな約束事がありますか。
・お子さまの成長を感じるところはどこですか。
・お子さまにどんな学校生活を送ってほしいですか。
・お子さまの興味関心があることをどのように伸ばしていきたいとお考えですか。
・父親の役割とはどのようなものだとお考えですか。
・子育てで大切にされていることは何ですか。
・子育てをして、学んだことや見方が変わったことはありますか。

（母親に対して）
・お子さまがお友だちとよい関係を築くために何かされていますか。
・お子さまのお友だちとの関わりはいかがですか。
・お子さまと約束していることは何ですか。
・最近どんなことでお子さまを褒めましたか。
・本校でどのように過ごしてほしいとお考えですか。
・躾で気を付けていることは何ですか。
・子育てをしていてうれしいと感じるのはどんな時ですか。
・お子さまが生まれ、子育てをしていて価値観が変わりましたか。
・学生時代・社会人での経験を通して学んだことで、お子さまに伝えたいことは何ですか。

※父親・母親ともに上記から、２～３問が質問された。

〈時間〉　５～７分程度

家庭学習のコツ①　「先輩ママのアドバイス」を読みましょう！

本書冒頭の「先輩ママのアドバイス」には、実際に試験を経験された方の貴重なお話が掲載されています。対策学習への取り組み方だけでなく、試験場の雰囲気や会場での過ごし方、お子さまの健康管理、家庭学習の方法など、さまざまなことがらについてのアドバイスもあります。先輩ママの体験談、アドバイスに学び、ステップアップを図りましょう！

30cm

20cm

10cm

日本学習図書株式会社

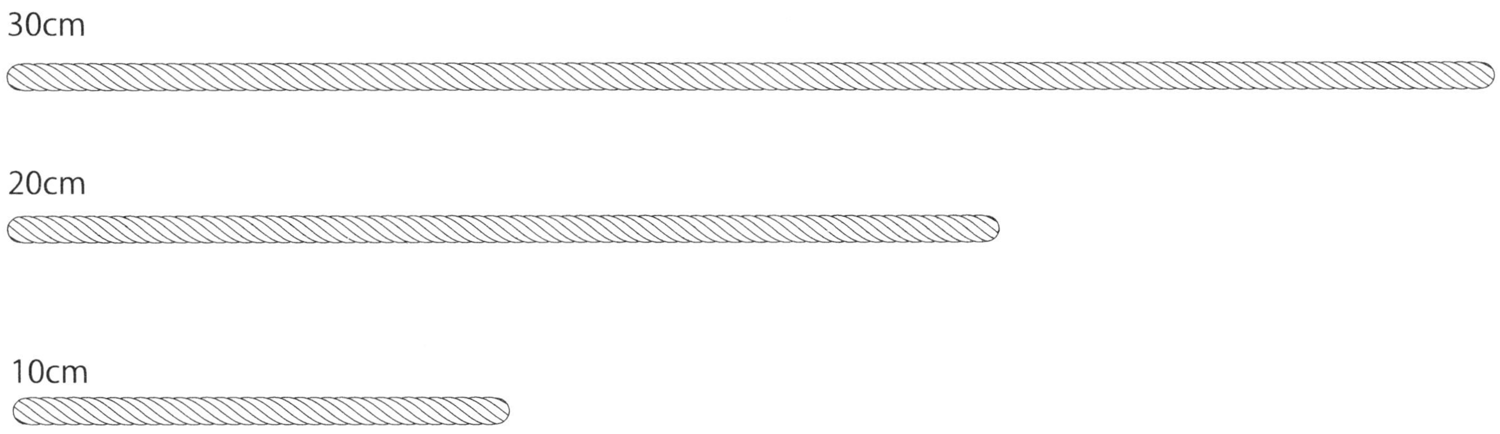

問題 3

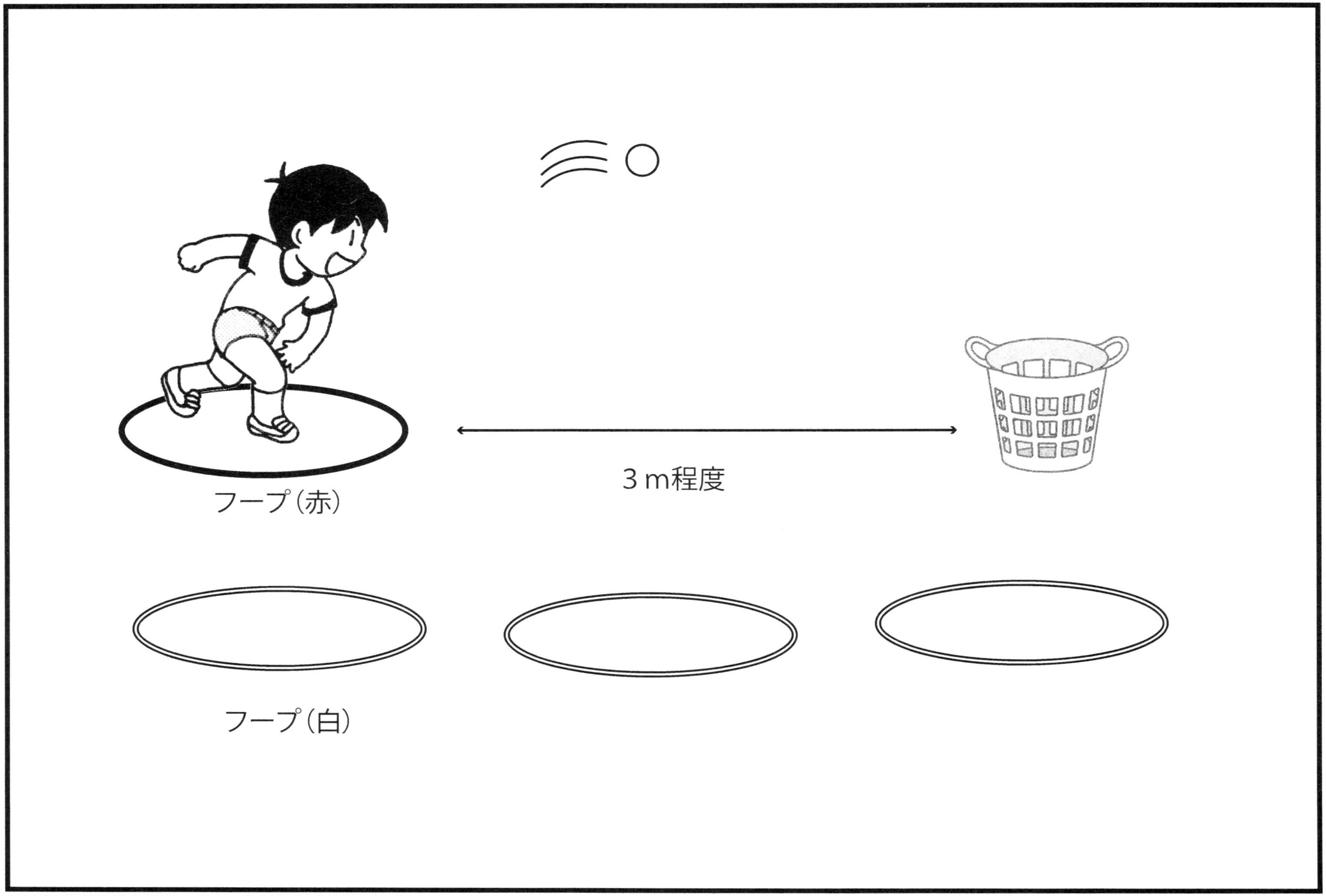

問題4

問題 5

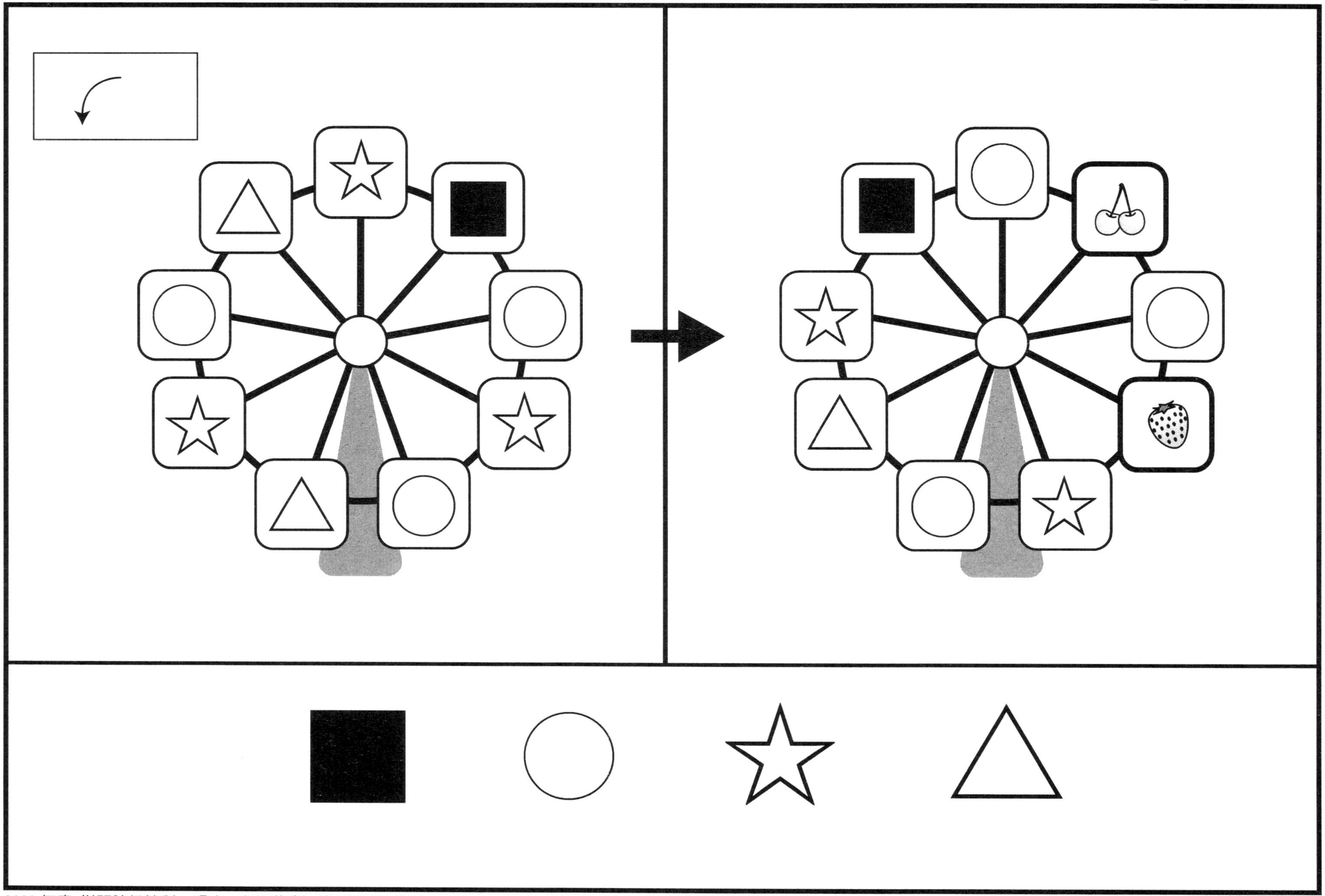

問題6

2021年度入試
解答例・学習アドバイス

解答例では、制作・巧緻性・行動観察・運動といった分野の問題の答えは省略しています。こうした問題では、各問のアドバイスを参照し、保護者の方がお子さまの答えを判断してください。

問題1　分野：巧緻性

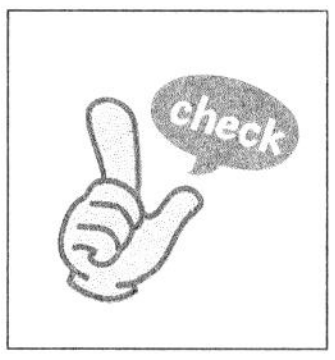

当校ではこの問題のような巧緻性の課題が例年出題されています。特に対策が必要という課題ではありませんが、お子さまが苦手としているようなら、ひも結びやひもとおし、箸の使い方などを練習しておいてください。また、どの問題でも必要なことですが、「まずは指示を聞く」ということをこうした課題では特に意識しましょう。指示を聞いていないという印象を与えると台無しになります。手先の器用さや作業の速さなどは年齢なりのものがあれば充分なのです。

【おすすめ問題集】
実践 ゆびさきトレーニング①・②・③、Ｊｒ・ウォッチャー25「生活巧緻性」

問題2　分野：運動（模倣体操、ケンケン）

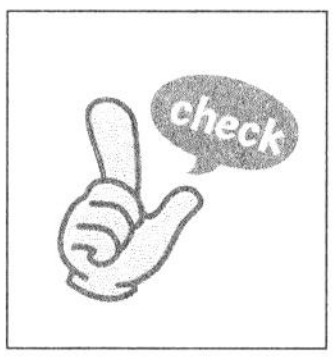

感染症対策もあり、グループの人数が少なくなったり、人と人の距離をとったりと細部は変わっていたようですが、例年、同じような内容で行われている運動課題です。内容はそれほど難しくはありませんが、指示の理解と実行が重要なのは同じです。運動能力を測ることが目的ではなく、集団行動できるかがチェックされるものですから、うまくできたかどうかはそれほど気にすることはありません。ただし、③（笛が鳴ったら線を踏まないようにケンケンしてください）はやってみるとわかりますが、結構ハードな運動です。諦めずにやってみましょう。

【おすすめ問題集】
新運動テスト問題集、Ｊｒ・ウォッチャー28「運動」

家庭学習のコツ②　「家庭学習ガイド」はママの味方！

問題演習を始める前に、試験の概要をまとめた「家庭学習ガイド（本書カラーページに掲載）」を読みましょう。「家庭学習ガイド」には、応募者数や試験課目の詳細のほか、学習を進める上で重要な情報が掲載されています。それらの情報で入試の傾向をつかみ、学習の方針を立ててから、対策学習を始めてください。

問題3　分野：行動観察（集団ゲーム）

昨年とほぼ同じ課題ですが、直接の接触が少なくなっています。意識する点は運動の課題と同じで、指示を聞くこと、協調性、積極性といったところです。お子さまには「よく話を聞いて、元気よく」といったアドバイスをしておきましょう。試験する側は無意識にでも「入学してから指導できる、しやすいお子さま」を選ぶものなので、積極的にとは言っても、余計な発言や指示から外れた行動は嫌われます。たとえそれが、良かれと思ったことでも、受験ではできるだけ避けるべきです。そうした行動をしてしまう傾向のあるお子さまには「指示されていないことはしない」ぐらいの強い注意をしておいた方がよいかもしれません。

【おすすめ問題集】
　Ｊｒ・ウォッチャー29「行動観察」

問題4　分野：個別テスト（お話の記憶）

〈解答〉　①ゾウ・リス　②牛乳・ニンジン

短いお話なので、内容を記憶するだけなら特に問題はないでしょう。２つの問題ともに複数回答ですが、他校のお話の記憶問題に比べれば取り組みやすい課題です。それでも覚えられないというお子さまは、こうしたお話をたくさん読み聞かせるだけなく、聞き終わった後に「どんなお話だったか」を聞いてみてください。あらすじを説明するには「誰が」「何を」「どのように」といった情報が必要になるので、自然とそういったことに注意してお話を聞くようになります。なお、過去には指差すのではなく、口頭で答えるパターンもあったので、両方に対応できるようにしておきましょう。

【おすすめ問題集】
　新口頭試問・個別テスト問題集、１話５分の読み聞かせお話集①・②、
　お話の記憶問題集 初級編・中級編、Ｊｒ・ウォッチャー19「お話の記憶」

問題5　分野：個別テスト（推理）

〈解答〉　サクランボ：☆　イチゴ：△

観覧車の問題ですが、並び方がパターン（繰り返し）になっているというわけではないので、系列の問題ではありません。考え方としては左の観覧車に１つしかない記号（■）に注目して、そこから右にいくつ、左にいくつの記号と同じものが入るはず…、と推測してください。あまり難しく考える必要はありません。なお、観覧車が左回転でも右回転でも解答に影響しません。

【おすすめ問題集】
　新口頭試問・個別テスト問題集、Ｊｒ・ウォッチャー50「観覧車」

問題6　分野：お話作り

当校では久しぶりの出題となったお話作りの課題です。作るお話はどんな話でも構わないのですが、選んだカードに描いてあるものをすべて組み込むこと、時間内に話せるようにあまり複雑なストーリーしないことでしょう。ストーリーのおもしろさよりは、矛盾がないように気を付けた方が回答しやすいかもしれません。おもしろくしようとして、想像力たくましく波乱万丈のお話を考えてしまうと、たいてい意味不明のお話になってしまいます。この課題でチェックされるのは、語彙を含めた言語能力とコミュニケーション能力で、想像力や創造性といったものではないのです。

【おすすめ問題集】
新口頭試問・個別テスト問題集、Ｊｒ・ウォッチャー21「お話作り」

問題7　分野：面接（保護者）

当校の面接は両親揃っての保護者面接です。事情があればどちらか１人でもよいようですが、ほとんどの家庭は両親揃って面接を受けるようです。質問の内容は家庭の教育方針、お子さまの得意科目、好き嫌いなどです。お子さまに関する質問に加えて、保護者の方に「学生時代に学んでいたことで現在役立っていることは何か」といった質問もあります。伝統校だけにお子さまだけなく、家庭環境も評価されると考えておいた方が無難でしょう。

【おすすめ図書】
新・小学校面接Ｑ＆Ａ、入試面接最強マニュアル

家庭学習のコツ③　効果的な学習方法～問題集を通読する

過去問題集を始めるにあたり、いきなり問題に取り組んではいませんか？　それでは本書を有効活用しているとは言えません。まず、保護者の方が、すべてを一通り読み、当校の傾向、ポイント、問題のアドバイスを頭に入れてください。そうすることにより、保護者の方の指導力がアップします。また、日常生活のさまざまなことから、保護者の方自身が「作問」することができるようになっていきます。

学習院初等科　専用注文書

年　　月　　日

合格のための問題集ベスト・セレクション

＊入試頻出分野ベスト３

1st　口頭試問

思考力　聞く力　話す力

2nd　巧緻性

聞く力　集中力

3rd　行動観察

協調性　聞く力

口頭試問形式での個別テスト、グループでの行動観察ともにコミュニケーション能力が観点です。指示の内容や質問の意図を理解し、的確に答えることが合格につながります。

分野	書　名	価格(税込)	注文	分野	書　名	価格(税込)	注文
図形	Ｊｒ・ウォッチャー５「回転・展開」	1,650円	冊	推理	Ｊｒ・ウォッチャー50「観覧車」	1,650円	冊
推理	Ｊｒ・ウォッチャー６「系列」	1,650円	冊	巧緻性	Ｊｒ・ウォッチャー51「運筆①」	1,650円	冊
推理	Ｊｒ・ウォッチャー10「四方からの観察」	1,650円	冊	巧緻性	Ｊｒ・ウォッチャー52「運筆②」	1,650円	冊
常識	Ｊｒ・ウォッチャー12「日常生活」	1,650円	冊	推理	Ｊｒ・ウォッチャー53「四方からの観察　積み木編」	1,650円	冊
図形	Ｊｒ・ウォッチャー16「積み木」	1,650円	冊	図形	Ｊｒ・ウォッチャー54「図形の構成」	1,650円	冊
記憶	Ｊｒ・ウォッチャー19「お話の記憶」	1,650円	冊	常識	Ｊｒ・ウォッチャー55「理科②」	1,650円	冊
記憶	Ｊｒ・ウォッチャー20「見る記憶・聴く記憶」	1,650円	冊	常識	Ｊｒ・ウォッチャー55「理科②」	1,650円	冊
言語	Ｊｒ・ウォッチャー21「お話作り」	1,650円	冊		新 個別テスト・口頭試問問題集	2,750円	冊
巧緻性	Ｊｒ・ウォッチャー23「切る・貼る・塗る」	1,650円	冊		新 ノンペーパーテスト問題集	2,860円	冊
巧緻性	Ｊｒ・ウォッチャー25「生活巧緻性」	1,650円	冊		実践 ゆびさきトレーニング①・②・③	2,750円	各　冊
常識	Ｊｒ・ウォッチャー27「理科」	1,650円	冊		新 運動テスト問題集	2,420円	冊
運動	Ｊｒ・ウォッチャー28「運動」	1,650円	冊		１話５分の読み聞かせお話集①・②	1,980円	各　冊
行動観察	Ｊｒ・ウォッチャー29「行動観察」	1,650円	冊		新 小学校受験の入試面接Ｑ＆Ａ	2,860円	冊
推理	Ｊｒ・ウォッチャー31「推理思考」	1,650円	冊		面接最強マニュアル	2,200円	冊

合計	冊	円

（フリガナ） 氏　名	電　話 ＦＡＸ E-mail
住 所 〒　　　－	以前にご注文されたことはございますか。 有　・　無

★お近くの書店、または記載の電話・FAX・ホームページにてご注文をお受けしております。
電話：03-5261-8951　FAX：03-5261-8953　代金は書籍合計金額＋送料がかかります。
※なお、落丁・乱丁以外の理由による商品の返品・交換には応じかねます。

★ご記入頂いた個人に関する情報は、当社にて厳重に管理致します。なお、ご購入の商品発送の他に、当社発行の書籍案内、書籍に関する調査に使用させて頂く場合がございますので、予めご了承ください。

日本学習図書株式会社
http://www.nichigaku.jp

2020年度以前の問題

問題8　分野：巧緻性（ひも通し、ひも結び）

〈準備〉　ひも（60cm程度）、ビーズ（1.5cm程度の大きさ。赤・青・黄色を各5個程度）

〈問題〉　この問題の絵はありません。

（トレイの上に、ひもとビーズ（2～5個）が載った紙皿を置いておく）

①隣の色と同じにならないように、ビーズをひもに通してください。1つ目は赤（青・黄色）のビーズを通しましょう。

②（ビーズを通した）ひもの先をチョウ結びにしてください。終わったらトレーに戻してください。「やめ」と言われたら、途中でもトレーに戻しましょう。

※試験日によって、用意されているビーズの数や、1つ目に通すビーズの色が異なる。また、モニターで説明がある日と、完成見本のみの日がある（月齢を考慮した試験形式と考えられる）。

〈時間〉　①20秒　②15秒

〈解答〉　省略

［2020年度出題］

学習のポイント

決して難しい課題ではありませんが、ビーズが小さめなので、少し細かな作業が必要となります。また、1つ目の色が指定されたり、隣の色と同じにならないようにビーズを通すなど、指示も複数あります。「ひも通しの課題だ！」とわかったからといって、すぐに始めるのではなく、まずは問題を「聞く」ことを最優先に考えてください。解答時間は長くはありませんが、慌てて行わなければできないほどではありません。手順を考えながら確実に進めるようにしていきましょう。ちなみに、試験で使われたひもは、マクラメ糸（ひも）と呼ばれる、少し太めの凧糸のようなものだったそうです。気になる方は調べてみてください。

【おすすめ問題集】

実践 ゆびさきトレーニング①・②・③、Ｊｒ・ウォッチャー25「生活巧緻性」

家庭学習のコツ④　効果的な学習方法～お子さまの今の実力を知る

1年分の問題を解き終えた後、「家庭学習ガイド」に掲載されているレーダーチャートを参考に、目標への到達度をはかってみましょう。また、あわせてお子さまの得意・不得意の見きわめも行ってください。苦手な分野の対策にあたっては、お子さまに無理をさせず、理解度に合わせて学習するとよいでしょう。

問題9　分野：運動（模倣体操、ケンケン）

〈準備〉　カラーコーン４本、ビニールテープ

〈問題〉　**この問題の絵はありません。**

①（カラーコーン４本を四角になるように配置しておく）
　笛が１回鳴ったら行進してください。笛が２回鳴ったら、右手と右足、左手と左足を同時に動かして歩きましょう。

※説明といっしょに先生がお手本を見せる。その場で練習した後、配置されたコーンの周りを歩く。

②ポップコーンが入ったカゴを頭の上に載せたつもりで、しゃがんだり立ったりしてください。先生といっしょにやってみましょう。

※説明といっしょに先生がお手本を見せる。２～４回繰り返す。

③笛が鳴ったら、線を踏まないようにケンケンをしてください。もう一度笛が鳴るまでがんばりましょう。

※線をまたぐように、左右にジャンプする。左右両足で行う。各10秒間。

〈時間〉　適宜

〈解答〉　省略

［2020年度出題］

学習のポイント

例年、同じような内容で行われている運動課題です。それほど難しい指示ではありませんが、「指示をしっかり理解してから行動する」ということは徹底しておきましょう。年齢なりの運動能力あれば問題なくできる動作がほとんどなので、それほど特別な対策を考えなくても充分に対応できるでしょう。運動テストとは言っても、運動能力を測ることが目的ではなく、あくまでも指示行動ができるかどうかが観られているポイントなので、指示を理解していることが伝われば、多少ぎこちない動きだったとしても、それほど気にすることはありません。ただし、③はやってみるとわかりますが、結構ハードな運動です。できなくても、最後まで一生懸命やりきる姿勢は見せるようにしてください。

【おすすめ問題集】

新運動テスト問題集、Ｊｒ・ウォッチャー28「運動」

問題10　分野：行動観察（集団ゲーム）

〈準 備〉　体操マット、凹凸のあるマットレス（50cm四方程度）、六角形のブロック２個、円形のブロック１個

〈問 題〉　この問題は絵を参考にしてください。
（３～４人のグループで行う。ブロックは重ねてあるだけで固定されていない）
グループでブロックを運んでください。赤い線がスタートです。ブロックが載っているマットレスを持って、コーンを回って戻ってきてください。戻ってきたら、マットレスとブロックは元のところに戻して、体育座りをして待っていてください。お約束があります。運んでいる時にブロックに触ってはいけません。ブロックが崩れてしまったり、落としてしまったりした時は、マットレスを床に置いて、元通りに積み直してください。
※２回行う。１回目が終わった後、「もっと上手に運ぶためにはどうしたらよいか相談しましょう」という声かけがあり、相談時間が設けられている。

〈時 間〉　適宜

〈解 答〉　省略

［2020年度出題］

学習のポイント

集団での行動観察に求められるものは、協調性と積極性です。本問のような競技性のある課題の場合、お子さまは速くやろうとしたり、勝ち負けにこだわりすぎてしまったりすることがあります。こういった課題では、何をするべきなのかということをしっかりとお子さまに伝えてから試験に送り出すようにしてください。また、仮に失敗してしまったら、その後の対応も観られていると考えてください。そんな時にも、ほかの人を思いやる行動をとることができれば言うことはありません。「もっと上手に運ぶために～」という声かけがあることからも、はじめて会うお友だちとコミュニケーションがとれるかどうかは、重要な観点になっているでしょう。実際に行う課題（ゲーム）は、あくまでもどんな行動や態度をするのかを観るためのものです。どんな課題が行われたかではなく、何が観られているのかを重視してください。

【おすすめ問題集】
　Ｊｒ・ウォッチャー29「行動観察」

問題11　分野：個別テスト（お話の記憶）

〈準備〉　問題11の絵を枠線と点線に沿って切り離し、カードにしておく。

〈問題〉　今日は、動物たちが遠足で水族館に行く日です。楽しみにしているお弁当は、サンドイッチとハンバーグです。みんな電車に乗って水族館に行きます。ライオンが電車に乗っています。ニコニコ山駅でウサギが乗ってきました。次のプカプカ海駅ではキツネが乗ってきました。フワフワ虹駅を過ぎると、水族館はもうすぐです。電車を降りて、水族館に着くとサルとタヌキが待っていました。

（カードを志願者の前に置く）
①水族館で待っていたのは誰でしょうか。カードを指さしてください。
②動物たちはどの順番で駅に着いたでしょうか。その順番にカードを並べてください。

〈時間〉　適宜

〈解答〉　①サル、タヌキ　②省略

［2020年度出題］

学習のポイント

お話も短く、問題も２問だけなので、ペーパーで行えば簡単な問題と言えますが、個別テストという形式に慣れていないと、緊張して上手く答えられないということもあるかもしれません。ただ、カードを指でさしたり、並べたりするだけなので、口頭で答える形よりは気楽に取り組めるでしょう。問題の内容に関して、②の「どの順番で駅に着いた」かは、厳密な順番はわかりません。サルとタヌキが先に着いていたことがわかっていることが重要です。お話に出てきた順番が、到着した順番ではないということを理解しておきましょう。問題自体は難しいものではないので、解答の仕方に慣れてさえいれば、取り組みやすい課題と言えます。過去には口頭で答えるパターンもあったので、両方に対応できるようにしておけば安心です。

【おすすめ問題集】
１話５分の読み聞かせお話集①・②、お話の記憶問題集 初級編・中級編、
Ｊｒ・ウォッチャー19「お話の記憶」

問題12　分野：個別テスト（言語、常識）

〈準備〉　問題12の絵を枠線と点線に沿って切り離し、カードにしておく。

〈問題〉　①（虫カゴが置いてあり、おもちゃの電話を渡される）
お家の人に、これ（虫カゴ）がどんなものなのかお話してください。
②（カードを志願者の前に置く）
この中（虫カゴ）に入れるものを２つ選んで、カードを指さしてください。

〈時間〉　適宜

〈解答〉　①省略　②カブトムシ、カマキリ

［2020年度出題］

学習のポイント

虫カゴが置いてありますが、「これ」と呼ばれるだけで、「虫カゴ」という言葉は出てきません。なので、虫カゴという言葉を知っていたとしても、見たことがなければ、どんなものか説明することはできないでしょう。問われているのは、虫カゴという言葉の「知識」ではなく、実際に見たことや使ったことがあるという「体験」です。受験というと、どうしても知識を詰め込むことに偏りがちですが、小学校受験においては、生活体験が重視されます。こうした独特な出題方法には、学校からのメッセージが込められていることが多いようです。どういうねらいがあるのかを、保護者の方がしっかりと考えながら、学習に取り組んでいくようにしてください。

【おすすめ問題集】

新口頭試問・個別テスト問題集、新ノンペーパーテスト問題集、
Ｊｒ・ウォッチャー27「理科」、55「理科②」

問題13　分野：個別テスト（図形）

〈準備〉　なし

〈問題〉　（問題13-１の絵を渡す）
虫カゴを写真に撮ってパズルにします。
（問題13-２の絵を渡す）
この中で使わないパーツはどれでしょうか。指さしてください。
※パズルは固定されていて動かすことはできない。

〈時間〉　適宜

〈解答〉　左端

［2020年度出題］

学習のポイント

最近の小学校入試では、絵ではなく写真を使った出題が増えてきています。本問も、実際の試験では、実物（虫カゴ）を見て、それを撮った写真のパズルを解く問題でした。多くの問題集は、写真ではなく絵で描かれたものなので、試験でいきなり写真を使った出題があると、戸惑ってしまうかもしれません。シンプルな線で描かれた絵とカラー写真では、同じものを表していても印象が全く違うことがあります。過去問などを参考にして、写真を使った出題がある学校を受験する場合には、図鑑やインターネットなどを通じて、リアルな画像に慣れておく必要があります。理想を言えば、写真ではなく本物を見たり、体験したりするのがよいのですが、すべてを実際に見るということは難しいので、さまざまなメディアを活用して、学習に役立てていきましょう。

【おすすめ問題集】

Ｊｒ・ウォッチャー３「パズル」、54「図形の構成」

問題14　分野：生活巧緻性、口頭試問

〈準　備〉　①ハンカチ、②スプーン（大小各２本）、ナイフ（２本）、箱

〈問　題〉　**この問題の絵はありません。**
①お母さんのお手伝いをしましょう。ハンカチをたたんでください。
（たたんだ後に）このハンカチは何に使いますか。
※たたみ方の指示やお手本はなし。たたんだ後の質問がないこともある。
②お母さんのお手伝いをしましょう。ここにあるもの（準備②のスプーン、ナイフが無造作に置いてある）を箱の中に片付けてください。
（片付けた後に）これを使って何をしますか。片付けた後はどんな気持ちですか。
※片付けた後の質問がない場合や、さらに追加の質問があることがある。

※試験日によって①と②のどちらかが行われる（月齢を考慮した試験形式と考えられる）。

〈時　間〉　適宜

〈解　答〉　省略

［2020年度出題］

学習のポイント

どのようにたたむのか、どのように片付けるのかという具体的な指示はありません。「こうしなさい」という指示行動ではなく、ふだんの行動を観るための課題と言えるでしょう。つまり、試験のためではなく、日常的にお手伝いをしているのかどうかが観られているのです。もしきちんとたためたとしても、１つひとつ手順を考えながらやっているようでは、あまりよい評価とは言えないでしょう。そうした行動からは、慣れていないことがわかってしまいます。当校のようなペーパーテストを行わない学校は、生活体験をより重視していると考えられます。日常生活の中で、年齢なりの体験や経験を積むことが、１番の対策学習になると言えるでしょう。

【おすすめ問題集】
新口頭試問・個別テスト問題集、新ノンペーパーテスト問題集
Ｊｒ・ウォッチャー25「生活巧緻性」

問題15　分野：保護者面接

〈準備〉　なし

〈問題〉　**この問題の絵はありません。**

（父親に対して）
・本校にどのような教育を求めていますか。
・お子さまに誇れることは何ですか。
・最近どのようなことでお子さまを褒めましたか。
・お子さまとどんな約束事がありますか。
・お子さまの成長を感じるところはどこですか。
・お子さまにどんな学校生活を送ってほしいですか。
・お子さまの興味関心があることをどのように伸ばしていきたいとお考えですか。
・父親の役割とはどのようなものだとお考えですか。
・子育てで大切にされていることは何ですか。
・子育てをして、学んだことや見方が変わったことはありますか。

（母親に対して）
・お子さまがお友だちとよい関係を築くために何かされていますか。
・お子さまのお友だちとの関わりはいかがですか。
・お子さまと約束していることは何ですか。
・最近どんなことでお子さまを褒めましたか。
・本校でどのように過ごしてほしいとお考えですか。
・躾で気を付けていることは何ですか。
・子育てをしていてうれしいと感じるのはどんな時ですか。
・お子さまが生まれ、子育てをしていて価値観が変わりましたか。
・学生時代・社会人での経験を通して学んだことで、お子さまに伝えたいことは何ですか。

※父親・母親ともに上記から、２～３問が質問された。

〈時間〉　５～７分程度

〈解答〉　省略

［2020年度出題］

学習のポイント

当校の面接は保護者のみです。両親揃って出席していなくともよい、また評価に影響しないということになっていますが、当校の雰囲気を考えて、ほぼすべての家庭が両親で面接に臨みます。質問内容のほとんどは「家庭の様子をうかがう」質問です。教育方針、躾、将来の希望（進路）、保護者の経験（エピソード）など、切り口はさまざまですが、学校の関心は、「当校にふさわしい見識と経済力を持った家庭なのか」というところでしょう。当校のような志願者の多い学校では当然のことです。想定される質問に対して、回答を準備しておく必要はありますが、やりすぎてしまうと、マニュアル的な言葉になってしまい、学校にとっては信用しにくいものになります。ほどほどにしておきましょう。なお、「志望動機」だけは必ず聞かれます。父親に質問されることが多いので、これだけはしっかりと準備しておいてください。

【おすすめ問題集】
新 小学校受験の入試面接Ｑ＆Ａ、面接最強マニュアル

問題16　分野：口頭試問（お話の記憶）

〈準　備〉　問題16の絵を枠線に沿って切り離し、カードにしておく。

〈問　題〉　ウサギさんとタヌキくんとサルくんはかけっこをしました。
ウサギさんは、一生懸命走って１着でゴールしました。サルくんは走るのが苦手です。いつもように走って２着でした。タヌキくんは途中に鳥の巣があったので、踏まないようにそーっと走ったので３着でした。

（カードを志願者の前に並べて）
①この中で、あなたのなりたい動物はどれですか。
②それはなぜですか。

〈時　間〉　適宜

〈解　答〉　省略

［2019年度出題］

学習のポイント

話の内容を記憶することになるので「お話の記憶」分野としていますが、観点は「判断する、意思表示する」「質問に沿って答える」といったことを志願者ができるのかということです。実質は行動観察の問題と考えてもよいでしょう。ですから、①でどの動物を選んでも間違いではありません。「～だから～になりたい」と理由をつけて話せれば問題ないでしょう。当校の入試はこういった口頭試問を中心にバラエティに富んだ課題が出題されていますが、ほとんどの課題は「コミュニケーション能力」を観点としたものです。学習で得た知識や思考力を試すためのものではありません。当校入試の対策学習をするなら各分野の基礎的な学習はもちろん必要ですが、それを終えた後は「相手の意思や質問を理解し、自分の意思や事実を相手にわかるように話す」というコミュニケーションの基本が備わっているか、ということに重点を置きましょう。

【おすすめ問題集】
新口頭試問・個別テスト問題集、１話５分の読み聞かせお話集①・②、
Ｊｒ・ウォッチャー19「お話の記憶」

問題17　分野：巧緻性（運筆）

〈準　備〉　クーピーペン（赤・青）

〈問　題〉　（問題17の絵を渡す）
①トリの羽を赤色で塗ってください。
②点線の●から▲までを青色でなぞってください。
③☆から★までを手でちぎってください。

〈時　間〉　１分

〈解　答〉　省略

［2019年度出題］

学習のポイント

①②は運筆の問題です。曲線をなぞるという課題ですが、ここでは主に、筆記用具が正しく使えているかをチェックしています。常識的に線が引けていればそれ以上に出来上がりを気にすることはありません。当校の入試では解答にクーピーペン、または鉛筆を使いますが、正しく握っていないと滑らかに線が引けません。それが疑われるような結果でなければよい、といった認識で保護者の方もお子さまの引いた線を見てください。正しい持ち方をしていなければ矯正するように指導し、正しい持ち方していてもうまく線が引けない場合は、筆の運び方を教えてください。③はいわゆる「ちぎり」の課題です。小学校入試の課題ではたびたび出題されていますが、ふだんの制作ではしないことです。本問で慣れておきましょう。

【おすすめ問題集】
Ｊｒ・ウォッチャー23「切る・貼る・塗る」、51「運筆①」、52「運筆②」

問題18　分野：個別テスト（巧緻性）

〈準備〉　鉛筆

〈問題〉　（問題18-１の絵を渡し、問題18-２の絵を見せる）
これから作り方を説明します。説明を聞いた後、同じように作ってください。

①右の四角にある点線を鉛筆でなぞります。
②絵が表になるように真ん中の線で折ります。
③裏返して、三角形できるように折ります。
④見本の絵を自分の方に向け、横にしてから作ったものを机の上に立てます。

〈時間〉　説明３分　作業５分

〈解答〉　省略

［2019年度出題］

学習のポイント

①は運筆ですが、それ以降は簡単な制作の問題と考えてください。実際には作る様子を見せ、見終わった後に制作するのですが、ここでは見本のイラスト見ながらでもかまいません、お子さまに一通り制作させ、道具の扱いや後片付けがなどができているかをチェックしてください。個別テストの中で行われる課題は「流れ」も重要です。テスターが目の前にいると、いやおうなく緊張し、動作がギクシャクしたものになりがちですが、そうしたことがないように余計な口出しをせず、作業を見守るのです。観点は指示の理解ですから、出来上がったものが常識的なものであればそれほど気にすることはありません。後片付けも、少なくともその意識がうかがえればよいでしょう。保護者の方は、この問題が個別テストの課題の１つであり、結果だけではなく過程も観点になっていることを理解しておきましょう。

【おすすめ問題集】
新口頭試問・個別テスト問題集、実践 ゆびさきトレーニング①・②・③、
Ｊｒ・ウォッチャー51「運筆①」、52「運筆②」

問題19　分野：口頭試問（推理）

〈準備〉　問題19の下部の絵を、点線に沿って切り離し、グー・チョキ・パーのカードにしておく。

〈問題〉　（問題19の絵と、切り離したグー・チョキ・パーのカードを渡す）
動物がジャンケンをします。

①リスさんがサルさんに勝つためには、どれを出せばよいですか。カードを置いてください。
②ネズミさんがネコさんに勝つためには、どれを出せばよいですか。カードを置いてください。
③タヌキさんがライオンさんに勝つためには、どれを出せばよいですか。カードを置いてください。

〈時間〉　各10秒

〈解答〉　①パー　②グー　③チョキ

［2018年度出題］

学習のポイント

ジャンケンの問題です。どの動物とどの動物が勝負するのかを聞き取るという点で少し複雑になっていますが、ルールはジャンケンそのものなので、理解するのは難しくはないでしょう。ルールを聞き取ることが観られています。「指示を聞き取り、理解する力」は、この問題に限らずすべての問題で観点となりますし、小学校受験のみならず今後の生活の多くの場面で必要とされます。受験対策としてだけでなく、必ず身に付けておくべき能力です。話を聞く時は、話し手の方を見て聞くことを、試験対策の練習の際だけでなく、日頃の躾の中でも指導してください。また、保護者としても、お子さまの話を目を見ながら聞いてあげること、話をする際にもきちんとお子さまの方へ顔を向けて話すことを必ず実践し、よき見本となってあげてください。

【おすすめ問題集】
Ｊｒ・ウォッチャー30「生活習慣」、31「推理思考」

問題20　分野：個別テスト（常識）

〈準備〉　なし

〈問題〉　（問題20の絵を見せる）
①これは、どんな場面の絵ですか。教えてください。
②もし、このクマさんの近くにいたら、あなたはどんな言葉をかけてあげますか。

〈時間〉　適宜

〈解答〉　省略

［2018年度出題］

学習のポイント

絵を見てその場面の説明をする力や、また登場人物の気持ちを推測する情操面の発達を観る問題です。絵を見て気付いたことや感じたことを、そのまま言葉にして答えるとよいでしょう。難しい言葉を知っている必要は必ずしもありませんが、単語の言いっぱなしではなく、必ず「～は、～です」など、主語と述語、助詞を使って話す練習をさせてください。また、他人に聞き取りやすい声の大きさ、その場その場にふさわしい発声の仕方も、日頃の生活の中で指導しておきましょう。また読み聞かせの際に、登場人物がどんな気持ちだったと思うか、その行動についてどう思うかなどを聞くことによって、他者の内面を想像し、寄り添う気持ちを育んであげてください。読み聞かせは、聞く力、想像する力、また話すための語彙など、多くのことを学ぶことができる学習方法です。

【おすすめ問題集】
1話5分の読み聞かせお話集①・②、Ｊｒ・ウォッチャー19「お話の記憶」

問題21　分野：行動観察・制作

〈準備〉　折り紙、フープ（６本）

〈問題〉　この問題の絵はありません。
（あらかじめ、別の場所にフープ６本を並べておく）
①折り紙を使って、紙飛行機を作ります。お手本を見ながらいっしょに作りましょう。
（折り紙で紙飛行機を折ってみせる。紙飛行機ができたら、フープを設置した場所に移動する）
②作った紙飛行機を飛ばしましょう。輪の中に着陸するように、上手に飛ばしてください。

〈時間〉　適宜

〈解答〉　省略

［2018年度出題］

学習のポイント

制作と集団行動の両方が観られる課題です。当日は、見本として紙飛行機の作り方の映像が流されました。紙飛行機の制作は、指示を理解していればさほど難しくはないでしょう。人が直接指示をするのではなく、映像機器からの音声の指示であっても、きちんと指示に従えるかどうか、話を聞くことができるかどうかが、より重要な観点の１つと思われます。とは言え、不慣れな作業をたどたどしく行っていると、自信がなく見えてしまうかもしれません。日頃の遊びの中に折り紙などを取り入れておくようにした方がよいでしょう。飛行機ができたら、別の教室に移動して、ほかのお友だちといっしょに飛行機をフープに向かって飛ばすゲームを行います。輪に入ったか入らなかったかではなく、お友だちといっしょに仲良くできるかどうかがポイントです。一斉に飛行機を飛ばすと、衝突して狙いが外れてしまうこともあるかもしれません。そうした時に怒ったり、すねてしまったりしないよう、日頃からお友だちと多く接して、遊びの中で起こるさまざまなトラブルに慣れさせておくことも大切です。

【おすすめ問題集】

Ｊｒ・ウォッチャー29「行動観察」

問題22　分野：推理（四方からの観察）

〈準備〉　あらかじめ問題22の絵の下部に描かれた動物の絵を、点線に沿って切り離す。

〈問題〉　**この問題の絵は縦に使用してください。**
（問題22の絵を渡して）
上の段を見てください。机の上の積み木を動物が見ています。この積み木はそれぞれの動物から、どのように見えますか。下の段の積み木と動物の絵に、それぞれカードを置いてください。

〈時間〉　30秒

〈解答〉　左端：ウサギ　左から２番目：ゾウ　右から２番目：ネコ　右端：ブタ

［2017年度出題］

学習のポイント

四方から見た積み木の形を想像する問題です。立体の積み木を平面に置き換えて考える、空間把握の能力を要求されています。このような空間把握の問題は、当校ではよく出題されていますので、確実に身に付けてほしい力です。四方から観察する場合は、はじめに観察するものの特徴的な部分に注目します。本問では１番高い積み木と、三角形の積み木がよいでしょう。次に見えている形がわかりやすい、手前の２人（本問ではウサギとゾウ）から見える形を考えます。その後、反対側の２人（本問ではブタとネコ）を考えます。ブタから見えている形は、ウサギから見えている形を反対側から見たものだとわかれば、見つけやすいでしょう（ネコとゾウも同様です）。ふだんの練習の際に、本問で考えた順番にそって質問をしていくと、目の配り方がわかりやすくなります。問題を解くだけではなく、考えの道筋を理解する教材として、練習問題を利用しましょう。

【おすすめ問題集】

Ｊｒ・ウォッチャー10「四方からの観察」、53「四方からの観察　積み木編」

問題23　分野：見る記憶

〈準備〉　問題23-1の絵のような積み木

〈問題〉　（問題23-2の絵を見せて15秒後に伏せる）
今見た絵のように積み木を置いてください。

〈時間〉　1分

〈解答〉　省略

［2017年度出題］

学習のポイント

お手本の絵を覚えて、そのとおりに積み木を並べる問題です。絵を記憶する力と、平面を立体に置きかえる空間把握の能力が求められています。お手本をよく見て全体像をつかみ、次に細部を把握していくと、失敗せずに積み木を置くことができます。絵や積み木を使った空間把握の問題は、当校では頻出している分野です。イラストに描かれたお手本を見ながら実際に積み木を並べ、平面を立体に置き換える練習をふだんから進めていくとよいでしょう。また、立体的なものを3つほど並べて、四方から見てみる練習もおすすめです。具体物を使い、立体を多方向から見るとどのように見えるのか、経験的に学ばせてください。

【おすすめ問題集】
Ｊｒ・ウォッチャー10「四方からの観察」、16「積み木」、
20「見る・聴く記憶」、53「四方からの観察　積み木編」

問題24　分野：常識（マナー）

〈準備〉　鉛筆

〈問題〉　電車の中や電車に乗る時に、してはいけないことをしている絵を、指でさしてください。

〈時間〉　30秒

〈解答〉　下図の×のイラスト（左上、右上、左下、中下）

［2017年度出題］

学習のポイント

道徳・マナーについての常識問題は、小学校入試ではよく出題される分野です。してはいけないことの基本は、①ほかの人が嫌な思いをする（迷惑）、②みんなといっしょの行動がとれていない（勝手）、③大きな事故やケガにつながる（危険）の３つです。選んだ行為が「なぜダメなのか」お子さま自身に考えさせながら、知識だけではなく相手や周辺を気遣った振る舞いとして、しっかり身に付けさせましょう。入学すると、多くのお子さまが通学の際に電車を利用します。交通ルールや駅での振る舞いについては、お子さまの安全に関わることなので、しっかりと教えるようにしてください。保護者の方は、お子さまにとっての身近なお手本です。マナーの問題では、お子さまを通して保護者の方の常識も問われていると考えて、お子さまへの指導を行ってください。

【おすすめ問題集】
Ｊｒ・ウォッチャー12「日常生活」、56「マナーとルール」

問題25　分野：行動観察

〈準　備〉　ホワイトボード、ブロック（裏に磁石が付いたもの、10個程度）

〈問　題〉　**この問題の絵はありません。**
※この問題は５人ずつのグループで行ってください。
ホワイトボードに貼ってあるブロックを使って、お友だちと相談して、動物を作ってください。できたら、何を作ったか教えてください。

〈時　間〉　適宜

〈解　答〉　省略

［2017年度出題］

学習のポイント

ホワイトボードに貼ってある、磁石付きのブロックを使って、指定されたものを作ります。動物以外のものを作るように指定されたグループもあったようです。行動観察の課題では、指示通りの作業をすることと、その時にお友だちと仲良く協力することが大事です。グループ作業では、作る動物をみんなで話し合って決めなければいけません。自分の意見を言い、仲間の意見を聞き、完成に向けて協力していく過程が評価されます。ふだんから自分なりの「お友だちと協力する」が理解できるように、初対面のお友だちや何人かのお友だちと協力して、何かに取り組む機会を見つけるようにしてください。

【おすすめ問題集】
実践 ゆびさきトレーニング①・②・③、Ｊｒ・ウォッチャー29「行動観察」

問題26　分野：行動観察（制作・巧緻性）

〈準備〉　Ｔシャツ、ビニール袋（ジッパー付）、ストロー５本（蛇腹つきのもの）、セロハンテープ

〈問題〉　**この問題の絵はありません。**
①机の上にあるＴシャツをたたんで、袋に入れてください。
②机の上からストローを４本取ってください。取ってきたストローのうち３本を使って、三角を作ってください。

〈時間〉　適宜

〈解答〉　省略

［2017年度出題］

学習のポイント

①の作業は１人で行います。それほど難しくない作業ですので、ていねいに取り組む姿勢を観るための課題と考えられます。自分の服は自分で片付けるという、ふだんの生活の中で、練習することができます。②では、持ってきた４本のストローの中から、三角形を作るのにちょうどよい３本を選んで作業を進めます。４本持ってくる、３本選ぶという先生の指示を、しっかり聞いてから行動できているかどうかが問われます。作業では、ストローをそのままセロハンテープでつないでもよいのですが、蛇腹の部分を折り曲げて三角形の頂点にするような工夫ができると、もっとよいでしょう。ふだんから、サッと行動に移すのではなく、指示をよく聞いて、より上手く行うための手順を考えてから行動する習慣を付けましょう。

【おすすめ問題集】
実践 ゆびさきトレーニング①・②・③、Ｊｒ・ウォッチャー29「行動観察」

問題27　分野：生活巧緻性

〈準備〉　ボタンのついたスモック、背のある椅子
※あらかじめスモックを椅子の背にかぶせるようにかけておく。
※この課題はグループで行う。

〈問題〉　**この問題の絵はありません。**
・椅子にかかっているスモックを着てください。
（１分程度待ってから）
・スモックを脱いで、元の通りに椅子にかけてください。

〈時間〉　着：１分　脱：30秒

〈解答〉　省略

［2016年度出題］

学習のポイント

例年出題される、いわゆる「生活巧緻性」の課題です。本問のような着衣・脱衣（片付けを含む）のほか、箸使い、雑巾がけなどが出題されたことがあります。ふだんからこうしたことを経験しているお子さまならば、あまり苦労することはないでしょう。学校側の出題意図は、身の周りのことを自分でできるか、すなわち家庭できちんと躾・教育がなされているかの確認だと考えられます。また、指示者の話をきちんと聞いて、指示通りに行えるかどうかも観られます。こうしたことは、試験対策として付け焼き刃で教え込むようなものではなく、ふだんの家庭生活で身に付けさせるべきものです。当校では、「日常生活の躾を重んじた生活指導を充実させ、基本的生活習慣の確立と規範意識の向上に努める」という教育目標達成のための基本方針を掲げていますので、その点を意識して毎日を過ごすようにしましょう。実際の試験では、いつの間にか早着替え競争になってしまったようですが、そのような場合でもつられて慌てることのないよう、指示されたことを確実に行うのが大切であることを伝えておきましょう。

【おすすめ問題集】

Ｊｒ・ウォッチャー25「生活巧緻性」、29「行動観察」

問題28　分野：行動観察

〈準 備〉　※あらかじめ問題28-1、28-2の絵を線に沿って切り分け、カードを作っておく。
「動物」カードと「食べもの」カードを、2つの机に分けて並べておく。
※この課題は4～5名のグループで行う。

〈問 題〉　動物におやつを運んであげましょう。どの動物に何をあげるか、グループのみんなで話し合って決めましょう。

〈時 間〉　適宜

〈解 答〉　省略

［2016年度出題］

学習のポイント

課題に取り組む姿勢や集団の中における振る舞いから、小学校生活への適応能力が観られています。まずは先生の指示をしっかりと聞き、まじめに課題に取り組んでください。評価のポイントとして考えられるのは、お友だちときちんとコミュニケーションをとる社会性、ゲームを成立させチームの一員として行動する協調性、役割を自ら見つける自主性、意見やアイデアを出し率先して行動する積極性、グループをまとめるリーダーシップ、他者を尊重する姿勢といった点です。すべてにおいて秀でている必要はなく、また何が何でもイニシアチブをとろうと無理をする必要はありません。家庭生活や幼稚園・保育園での活動を通して、少しずつ、何でも自分でやろうとする意欲、主体的に参加する姿勢を身に付けていってください。騒いだりふざけたりして進行を妨げたり、わがままを言って周囲を困らせたりという行為は、マイナスの印象を与えてしまいます。逆に、困っているお友だちや参加できずにいるお友だちに気が付いた時には、声をかけてあげるとよいことなどを教えてあげてください。

【おすすめ問題集】

Ｊｒ・ウォッチャー29「行動観察」

問題29　分野：個別テスト（運筆）

〈準備〉　クーピーペン（赤）

〈問題〉　上の→のところから下の◎のところまで、線と線の間に赤い線を引きましょう。はみ出さないように気を付けましょう。●を通るときは、●の真ん中を通りましょう。○があったら、その周りを下から１回囲んでから、先に進んでください。▲は、下から２回、囲みましょう。□があったら上によけて、先に進んでください。

〈時間〉　１分

〈解答〉　省略

［2016年度出題］

学習のポイント

当校の入試で頻出の、運筆の課題です。運筆の課題には、本問のように線と線の間に線を引くもののほか、点線をなぞるもの、点と点を線で結ぶものなど、さまざまなタイプがあります。日々の学習を始める前に、手の運動として行うようにすると、無理なく練習を重ねられます。はじめのうちは、制限時間などを気にせず、しっかりした線でていねいに書くことを心がけてください。慣れるにしたがって、スピードは上がっていきます。鉛筆、クーピーペン、クレヨン、サインペンなど、さまざまな筆記具を使い、それぞれに合った力加減をマスターしてください。しっかりした筆圧で思い通りの線を引くためには、筆記具の持ち方や姿勢も大切です。間違った持ち方で慣れてしまうと矯正が難しくなりますので、はじめから正しい持ち方で持てるようにしましょう。文字をきれいに書くための基礎になることですので、ぜひたくさん練習してください。

【おすすめ問題集】
新口頭試問・個別テスト問題集、Ｊｒ・ウォッチャー51「運筆①」、52「運筆②」

問題30　分野：個別テスト（図形・口頭試問）

〈準備〉　なし

〈問題〉　（問題30の絵を見せる）
左に見本があります。右の３つのうち、見本と違うものを２つ選んで、それぞれ見本とどこが違うのか、教えてください。

〈時間〉　１分

〈解答〉　左、右（見本と違う点については省略）

［2016年度出題］

学習のポイント

当校の入試では、例年、本問のように口頭で説明させる問題が出されます。この形式での出題に慣れていないお子さまの場合、答えはわかっていてもうまく説明ができない場合があります。ふだんの学習の際に、ペーパーに○をつけさせるだけでなく、「どうしてその選択肢を選んだのか」「ほかの選択肢はどこが違っているのか」といったことを聞くようにしましょう。思考の過程を言語化することにより、仮に正解でなかったとしても、どこが間違っていたかを自分で発見できるようになります。なお、図形の問題は、できるだけ問題と同じものを使って（作って）確認しながら進めるようにしてください。本問の場合には、問題と同じ図形を書いてみるとよいでしょう。自分の手を使って対象を動かしながら考えるという経験の積み重ねにより、図形の特性、操作した際の法則性の理解が、より確実なものとなります。

【おすすめ問題集】
新口頭試問・個別テスト問題集、
Ｊｒ・ウォッチャー４「同図形探し」、46「回転図形」

問題31　分野：個別テスト（言語・口頭試問）

〈準備〉　なし

〈問題〉　（問題31の絵の①～④を１つずつ指さしながら）
この子は何をしていますか。

〈時間〉　各10秒

〈解答例〉　省略

［2016年度出題］

学習のポイント

小学校の授業や集団活動を通してさまざまなことを学習していくにあたって、言語能力・コミュニケーション能力はたいへん重要です。同じ先生の同じお話を聞いても、言葉の意味がわかる子とそうでない子とでは、理解・吸収できることに差が出てきます。学校側はこのテストで、子どもの言語能力・コミュニケーション能力を評価していることが推測されます。子どもの言語能力を伸ばすには、保護者による言葉がけや読み聞かせが重要なのはもちろんですが、子どもが安心できる環境、楽しいと感じられる環境でそれらを行うことが大切です。家庭で言葉を教えたり読み聞かせを行う際は、できるだけ、お子さまといっしょに楽しむように意識してください。なお、このような口頭試問の受け答えの際には、「ブランコ」「平均台」などと単語の言いっ放しで答えるのではなく、「～です」「○○を△△しています」というように、ていねいな言葉で答えるようにしましょう。また、態度も評価の対象となります。試験官ときちんと正対し、相手に聞こえる声ではっきりと話すように指導してください。ふだんから周囲の大人がお手本となって、人と話す時のマナーを教えてあげましょう。

【おすすめ問題集】
新口頭試問・個別テスト問題集

問題32　分野：個別テスト（お話の記憶・口頭試問）

〈準 備〉　なし

〈問 題〉　**この問題の絵はありません。**
お話をよく聞いて、後の質問に答えてください。

あき子さんが、森へ散歩に出かけました。赤い洋服を着て、背中には黄色のリュックサックを背負っています。お花畑ではウサギが花の手入れをしていて、あき子さんが通りかかるとお花を３本くれました。森の入口では、リスがドングリ拾いをしていました。リスはあき子さんに、ドングリを２個くれました。森へ入ってしばらく行くと、日だまりでクマが気持ちよさそうにお昼寝をしていました。あき子さんはクマのお昼寝のじゃまをしないように、そっと通り過ぎました。

①あき子さんのリュックサックは何色でしたか。
②あき子さんはウサギから何をもらいましたか。
③あき子さんはリスからドングリを何個もらいましたか。
④森の中でお昼寝していた動物は何ですか。

〈時 間〉　各10秒程度

〈解 答〉　①黄色　②お花　③２個　④クマ

［2016年度出題］

学習のポイント

実際の試験は、録音されたお話を聞き、先生の質問に口頭で答えるという形式で行われました。「聞く力」は、すべての学びの土台となるだけでなく、社会生活を営む上での基礎ともなるものです。人の話や指示をしっかり聞き、落ち着いて活動に取り組むという姿勢は、学力の向上におおいに寄与するだけでなく、周囲との関わりを安定させることにもつながります。ふだんのコミュニケーションを通して、お子さまの「聞く力」を育てていきましょう。そのためには、保護者の側がまず、自分が１番伝えたいことが何であるのかをきちんと認識し、お子さまの心に届くように工夫して話す必要があります。その上でお子さまの話にしっかり耳を傾けて、双方向のコミュニケーションとすることを心がけてください。「きちんと話せば聞いてもらえる」という経験の積み重ねにより、お子さまもまた「人の話を聞く」という姿勢を身に付けていくようになるでしょう。

【おすすめ問題集】
新口頭試問・個別テスト問題集、１話５分の読み聞かせお話集①・②、
お話の記憶 初級編・中級編、Ｊｒ・ウォッチャー19「お話の記憶」

問題33　分野：行動観察（集団ゲーム）

〈準備〉　動物のお面（サル、ウサギ、ゾウ、ウシ、イヌ、ネコ、ヒヨコなど数種類）
※この課題は４～５名のグループで行う。

〈問題〉　この問題の絵はありません。
動物のお面を着けて、その動物の真似をしてください。誰がどのお面を着けるかは、グループのみんなで話し合って決めましょう。

〈時間〉　適宜

〈解答〉　省略

［2015年度出題］

学習のポイント

動物の真似は、恥ずかしがらずにに元気よく行っていれば、上手な必要はありません。重要なのは、「グループのみんなで話し合う」という点です。お面は１種類につき１つずつしか用意されていませんので、着けたいものがほかのお友だちとバッティングした場合、子どもたち自身で調整する必要が出てきます。そのような時には、お子さま自身がお友だちときちんと向き合って話をし、双方とも納得のいく方法で解決しようと試みなければなりません。力ずくで取る、相手の話を聞かずに決める、「ぼくが」「わたしが」と言って泣く、先生に泣きつく、ふてくされる、といった行動は、自己中心的、自立が充分でない印象を与え、学校が求めるレベルの授業や活動について来られないと判断されることになります。お子さまが他者とのコミュニケーションのとり方を自ら学んでいけるよう、ご家族や知人以外の他者と触れ合う機会を見つけ、練習に生かすように心がけてください。

【おすすめ問題集】
Ｊｒ・ウォッチャー29「行動観察」

問題34　分野：行動観察（集団ゲーム）

〈準備〉　魚、イカ、タコなど海の生きもののカード（１枚１枚に金属製のクリップを付けておく）・磁石を吊した釣り竿
※あらかじめ床にテープなどでサークル（池）を作り、魚のカードを散らしておく。
※この課題は４～５名のグループで行う。

〈問題〉　この問題の絵はありません。
みんなで魚釣りをしましょう。ただし、釣っていいのは白い魚とタコだけです。それ以外のものが釣れてしまったら、池に放してあげましょう。
なお、池には入らないようにしてください。

〈時間〉　適宜

〈解答〉　省略

［2015年度出題］

学習のポイント

行動観察の課題では、主に、集団の中でどのように振る舞うかという点が観られます。課題が上手にできるかよりも、取り組む姿勢や周囲との協調性、集団の中でのマナーなどが観られます。まずは先生の話をしっかり聞き、指示通りに行動することが大切です。指示される内容はそれほど難しいものではありません。しかし、マナーは一朝一夕で身に付くものではないので、日常において保護者自身がお手本となるよう意識してください。なお、本課題は釣った魚の数を競うものではありませんが、お子さまによっては、夢中になりすぎて人のじゃまをしたり、魚を奪い合ったりといった行為に走ってしまうかもしれません。ゲームや遊びの中にも、守らなければならないルールやマナーがあることを、日頃から教えてあげてください。

【おすすめ問題集】
　Ｊｒ・ウォッチャー29「行動観察」

問題35　分野：行動観察（集団制作）

〈準備〉　パターンブロック
※この課題は４～５名のグループで行う。

〈問題〉　**この問題の絵はありません。**
ブロックを使ってタワーを作りましょう。グループのみんなで相談して、できるだけ高いタワーにしてください。ただし、青のブロックを使ってはいけません。

〈時間〉　適宜

〈解答〉　省略

［2015年度出題］

学習のポイント

グループでプロジェクトを進める課題では、お子さまの性格や躾のほか、主体性、自立の程度、集団への適応力などを観られています。課題にすぐに取り組んでリーダーシップを発揮するお子さま、目立たないけれど協調性があり、手際よく作業を進めるお子さまなど、個性はさまざまですが、プロジェクトを進める上では、そういったお友だちと意見やアイデアを出し合い、効率を考えて工程（方針）を決めて役割分担をするなど、さまざまなことが必要となります。大人に頼ることなく、お子さまが自ら考え、自分たちでプロジェクトを進めなければなりません。そうしたことは、教えてできるようになるものではありません。ふだんから、身の周りのことを自分でさせたり、家の仕事の分担を決めて任せたましょう。また、子ども同士の問題は当人同士で解決させるなどして自立を促し、社会性を身に付けさせるようにしてください。なお、行動観察の試験の最中に、先生が会場を回って個別に質問をしていきます。作業中でも一旦手を止めて先生と正対し、ていねいな言葉使いで答えるようにしましょう。

【おすすめ問題集】
　Ｊｒ・ウォッチャー29「行動観察」

問題36　分野：個別テスト（巧緻性）

〈準　備〉　道具箱、本、筆箱、クーピーペン（12色、ケースに入れておく）、ハサミ、タオル、Ａ４の紙を２つ折りにしたもの
※道具箱の中に、本、筆箱、クーピーペン、ハサミ、タオル、２つ折りの紙をしまい、見本とする。写真を撮ってそれを見本としてもよい。
※あらかじめ問題36-２の絵を外枠から切り抜いておく。

〈問　題〉　①-１　（問題36-１の絵を15秒間見せた後、36-２の絵を渡す）
お手本と同じになるように、線を引いてください。赤のクーピーペンを使いましょう。
①-２　四隅にある絵のうち同じものを合わせて、紙をきれいに半分に折りましょう。
②机の上にあるもの（本、筆箱、クーピーペン、ハサミ、タオル、２つ折りの紙）を、お手本の通りにお道具箱にしまってください。

〈時　間〉　適宜

〈解　答〉　省略

［2015年度出題］

学習のポイント

①のような運筆の課題は、当校の入学試験では頻出しています。本問ではさらに、「見て記憶する」要素、「折る」要素が加わっていますが、難易度としては高くありません。ふだんの生活においてさまざまな筆記用具・画材に触れ、折り紙で遊び、ハサミやのりを使うことで、充分に対応できるレベルです。②は片付けの課題ですが、見本を見ながら進めることができます。いずれの課題も、大切なのは見本をしっかり見ること、ものや材料をていねいに扱うこと、途中で放り出さないことです。ふだんの工作遊びや家の仕事のお手伝いを通し、それらの点を指導していきましょう。なお、運筆を上手に行うためには、筆記具を正しく持つことが重要です。お子さまが間違った持ち方で覚えている場合、できるだけ早い段階で正しい持ち方に改めるようにしてください。

【おすすめ問題集】
新口頭試問・個別テスト問題集
Ｊｒ・ウォッチャー25「生活巧緻性」、51「運筆①」、52「運筆②」

問題37　分野：個別テスト（推理）

〈準　備〉　なし

〈問　題〉　（問題37－2の絵を渡し、37－1の絵を見せる）
くだものの絵が、1本のひもでつながっています。
①の場所でひもを切って広げると、くだものはどのような順番で並びますか。指でさして答えてください。
②の場所でひもを切って広げると、くだものはどのような順番で並びますか。指でさして答えてください。

〈時　間〉　各20秒

〈解　答〉　①上から2番目　②1番下

［2015年度出題］

学習のポイント

正答を導くためには論理的思考をする必要があります。答え合わせの際、お子さまに正解・不正解を言う前に、なぜその選択肢を選んだかを必ず説明させるようにし、ただ直観で答えるのではなくきちんと考えて答える習慣を身に付けさせるとよいでしょう。図形や数量の問題でも、実物または代替物を使って、お子さまの目の前で再現しながら答え合わせをしましょう。その問題の考え方や気を付けるべき点をお子さまが正しく理解し、類似の問題に対しても応用できる知識として自分のものにすることにつながります。

【おすすめ問題集】
新口頭試問・個別テスト問題集
Ｊｒ・ウォッチャー５「回転・展開」、６「系列」

問題38　分野：個別テスト（常識）

〈準　備〉　なし

〈問　題〉　（問題38－2の絵を渡し、38－1の絵を見せる）
①の野菜を半分に切ると、切り口はどのようになっていますか。指でさしてください。
②のくだものを半分に切ると、切り口はどのようになっていますか。指でさしてください。

〈時　間〉　各20秒

〈解　答〉　①左下　②右上

［2015年度出題］

学習のポイント

常識の問題です。当校入試においてはそれほど出題頻度は高くありません。しかし、動植物や自然現象に関すること、季節や伝統行事に関すること、昔話や童話、童謡に関すること、また交通ルールや公共の場でのマナー、安全や衛生に関することなど、知識を備えておくに越したことはありません。このような知識はお子さまがものを考えるための材料、判断する際の基準となりますので、日常生活を通し、あるいは図鑑や映像教材などを使った学習を通し、身に付けていくとよいでしょう。知識を身に付けていくコツは、お子さまが興味を持っている時に教える（わからなければすぐに調べる）こと、実体験をベースに説明することです。お子さまの「なぜ」「どうして」を大切にするとともに、保護者の方で意識し、工夫して、お子さまがさまざまなことに興味を持つように促し、さまざまな体験の場を設けてあげるようにしましょう。

【おすすめ問題集】
　新口頭試問・個別テスト問題集
　Ｊｒ・ウォッチャー27「理科」、55「理科②」

問題39　分野：個別テスト（常識）

〈準　備〉　なし

〈問　題〉　（問題39の絵を見せる）
・絵の中のみんなは何をしていますか。
・ここに来たら、あなたは何をして遊びますか。
・奥にしょんぼりしている子がいますね。どうしてだと思いますか。
・あなたなら、この子にどう話しかけますか。

〈時　間〉　適宜

〈解　答〉　省略

［2015年度出題］

学習のポイント

人がたくさんいる公共の場の絵を見ながら質問に答える問題です。この種の問題は、例年出題されています。観られるのは、常識的で穏当な考え方や感じ方ができるか、年齢相応のマナーを身に付けているか、他者に配慮することができるかといった点です。こうしたことは、一問一答式の学習で学んでいけるものではなく、日常生活を通し、保護者や周囲の大人をお手本として、少しずつ身に付いていくものです。保護者の方は、お子さまの言葉を通してご自身のふだんの言動が学校の先生に伝わるものと意識して、日常を送るようにしましょう。また、質問に対する受け答えに際しては、姿勢を正し、先生ときちんと顔を合わせること、はっきりと聞き取れる声で話すこと、ていねいな言葉を使い主語と述語のある文で話すことなどを心掛けましょう。言葉使いに関しては、周囲の大人がふだんから意識して、主語・述語や助詞の揃った文章で話すことで、お子さまのよきお手本となってください。

【おすすめ問題集】
　新口頭試問・個別テスト問題集

問題40　分野：お話作り

〈準　備〉　あらかじめ、問題40のカードを線に沿って切り離しておく。

〈問　題〉　6つの絵から3枚のカードを使って、お話を作ってください。

〈時　間〉　5分

〈解　答〉　省略

［2015年度出題］

学習のポイント

お話作りで注意したい点は、用意された人物やものなどをすべて組み込むことと、長すぎず短かすぎず、起承転結のあるお話を作ることです。この問題の場合は、どのカードを使うかによってまったくストーリーが変わってきます。お話作りの対策としても、読み聞かせの経験は役に立ちます。絵本は短い物語の中で、起承転結が上手く作られています。さらに、読み聞かせの後、物語の続きを作らせると、決まった登場人物を使ってお話を作る練習ができます。

【おすすめ問題集】
新口頭試問・個別テスト問題集、Ｊｒ・ウォッチャー21「お話作り」

問題41　分野：巧緻性（運筆）

〈準　備〉　クーピーペン（赤）

〈問　題〉　（問題41の絵を渡す）
点線に沿って、点と点をきれいに結んでください。点線からはみ出さないように書きましょう。

〈時　間〉　1分

〈解　答〉　省略

［2015年度出題］

学習のポイント

運筆の課題です。筆記用具の正しい持ち方、使い方に慣れておきましょう。当校ではクーピーペンが使用されますが、鉛筆・サインペンなどほかの筆記用具でも同じように扱えるように準備しておきましょう。筆記用具の違い、またどのようなものを書くかによっても力の入れ方や用具の使い方を変える必要があります。運筆は文字の書き方にもつながっていきますので、しっかり取り組んでください。

【おすすめ問題集】
Ｊｒ・ウォッチャー1「点・線図形」、51「運筆①」、52「運筆②」

問題42　分野：見る記憶

〈準備〉　クーピーペン（赤）
※問題42-1の絵は、裏返しておく。

〈問題〉　絵を見て覚えましょう。「はじめ」と言ったら絵を表にしてその絵を覚えてください。「やめ」と言ったら、また裏にしてください。
それでは、「はじめ」
（30秒たったら）　「やめ」
（問題42-1の絵を回収して、問題42-2の絵を渡す）
四角の中のもので、さっき見た絵にあったものを選んで○をつけてください。

〈時間〉　記憶：30秒　解答：1分

〈解答〉　下図参照

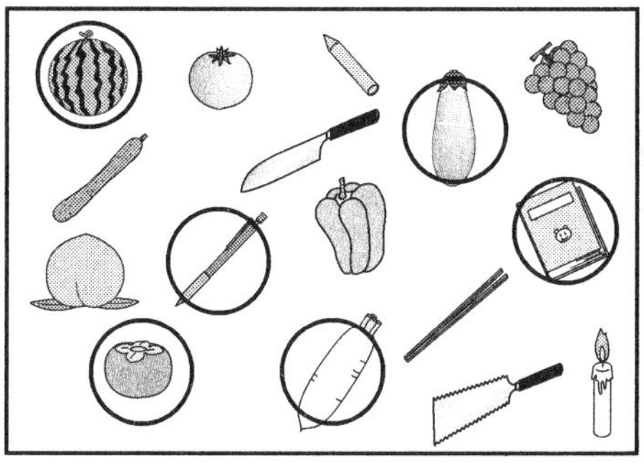

［2015年度出題］

学習のポイント

見る記憶の問題も当校で頻出の分野です。当校では実物（生活用品、積み木など）を使った出題ですが、準備が難しいので、本問題集ではイラストを使った問題にしてあります。いずれにしろ、「見る記憶」の問題は、記憶力、集中力だけではなく、何がどこにあったかを把握する観察力が重要です。観察力は、注意して見ましょうと言うだけでは身に付きません。意外と思われるかもしれませんが、観察力を養うには、「お絵描き」が有効です。まずは、お子さまが興味のあるものから描き始めてください。好きなものの絵を描くということは、よく観察し、特徴をとらえることにつながるからです。

【おすすめ問題集】
Ｊｒ・ウォッチャー20「見る記憶・聴く記憶」

問題43　分野：推理

〈準　備〉　積み木、箱
※問題43の左の絵のように積み木を箱に途中までしまっておく。

〈問　題〉　**この問題は絵を参考にしてください。**
積み木を途中まで片付けました。今、持っている積み木も全部、箱の中にしまってください。

〈時　間〉　適宜

〈解　答〉　省略

［2015年度出題］

学習のポイント

積み木の片付けという体裁ですが、タングラムなどのパズルと同じように「図形の合成」について問われていると考えることができます。「合成」というのは図形を組み合わせて、別の図形を形作るものを言いますが、立体や平面についての感覚が志願者にあるかどうかを観るため、近年の入試で時折出題されています。この問題では実物を使用します。他校の試験では、イラストを見て答える場合もあります。苦手意識があるようでしたら、類題をたくさんを解いて感覚を養い、慣れておきましょう。また、上手くできなくてもあきらめずにやり遂げることができるか、という点も観られています。類題を多く解くことは、「難しくても、さまざまな方法を試すことで必ず正解が見つかる」ことを学び、根気よく問題に取り組む練習にもなります。

【おすすめ問題集】
Ｊｒ・ウォッチャー16「積み木」、31「推理思考」、54「図形の構成」

問題44　分野：行動観察

〈準　備〉　人形やぬいぐるみなどのおもちゃ、布の袋
※問題44の絵のようにおもちゃと袋を置いておく。

〈問　題〉　**この問題の絵を参考にしてください。**
※この問題は４人ずつのグループで行ってください。
お友だちと相談して、おもちゃを箱の中に片付けてください。
運ぶ時には布の袋に入れて運んでください。
おもちゃをすべて箱の中に片付けたら終わりです。

〈時　間〉　適宜

〈解　答〉　省略

［2015年度出題］

学習のポイント

袋の中にどのようにおもちゃを入れるかによって、荷物を運ぶ回数も変わるでしょうが、この問題はそのような「知恵」があるかどうかよりは、むしろ「お友だちと相談する」という点での協調性や、指示を理解して守れるかという点に、観点があると思われます。行動観察と個別テストの内容が示すように、当校の入試では集団における協調性があるかどうかを問うことが大きなテーマとなっています。

【おすすめ問題集】
Ｊｒ・ウォッチャー29「行動観察」

問題１０

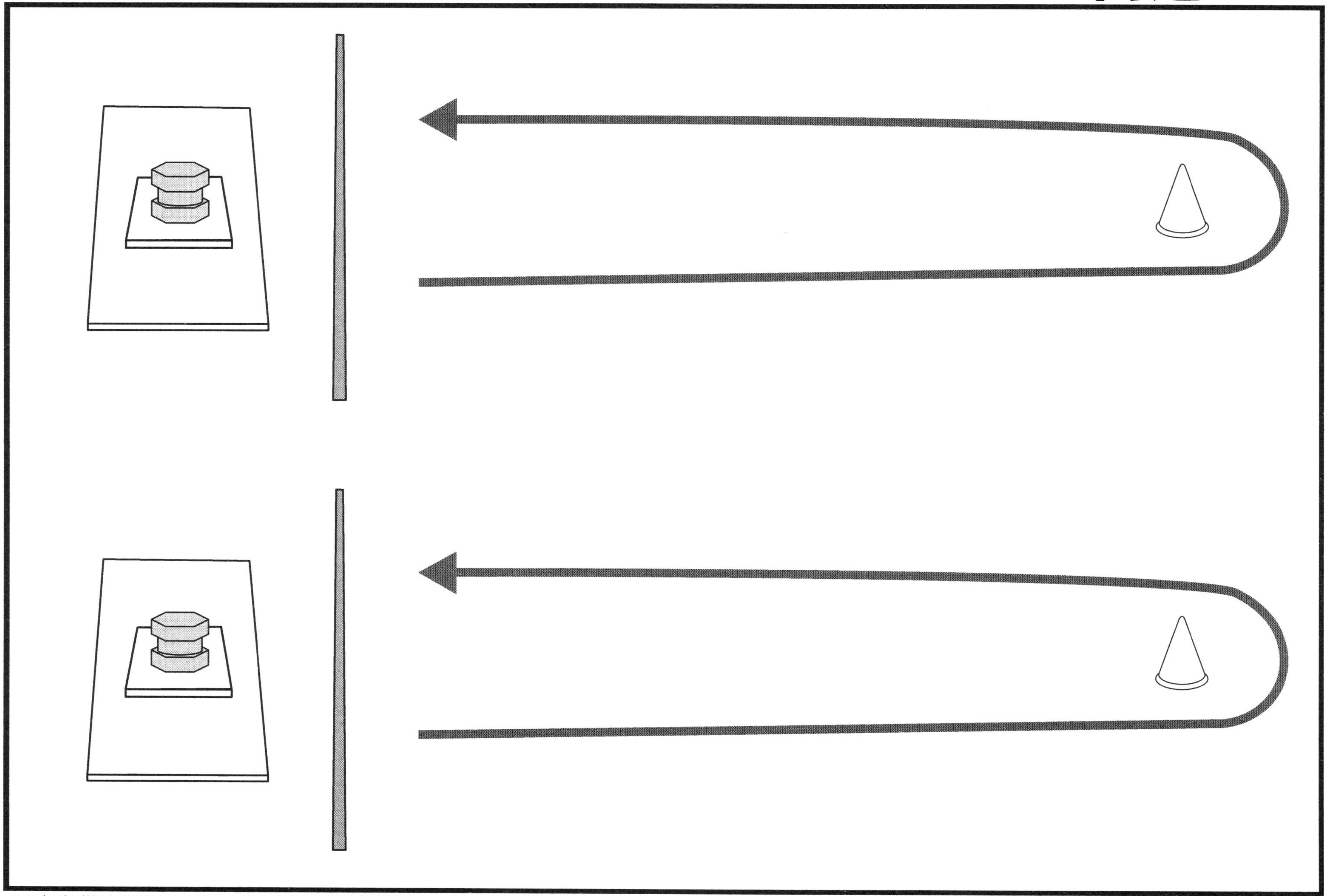

2022年度 学習院初等科 過去 無断複製／転載を禁ずる

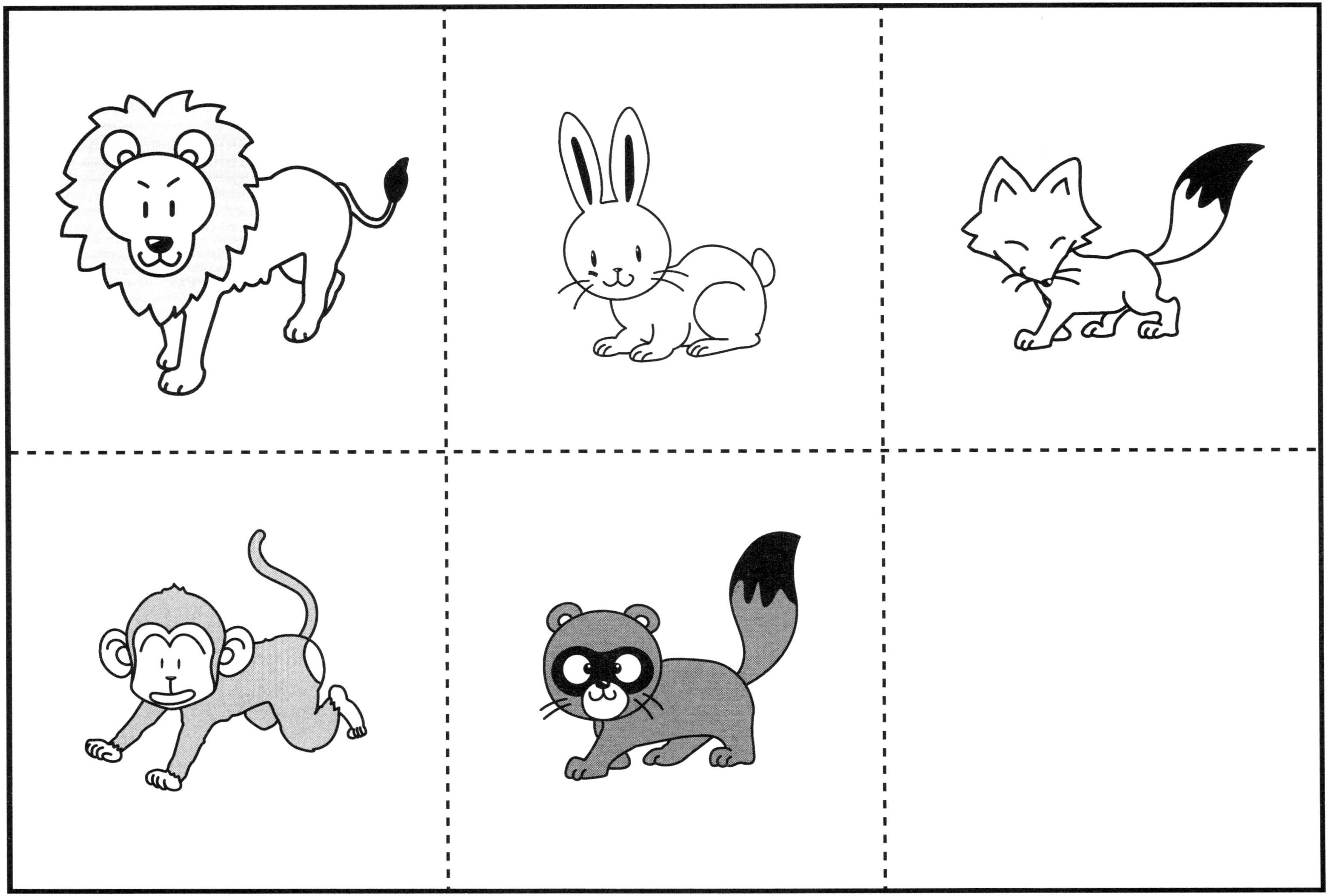

問題１２

問題13−1

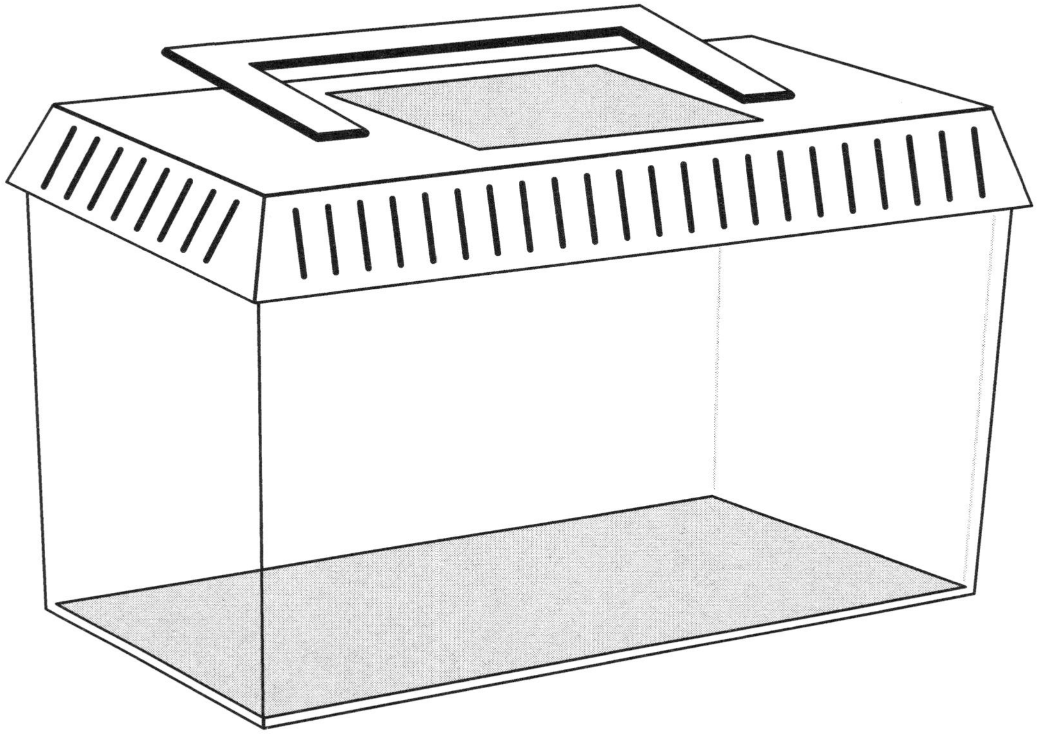

2022 年度 学習院初等科 過去 無断複製／転載を禁ずる 日本学習図書株式会社

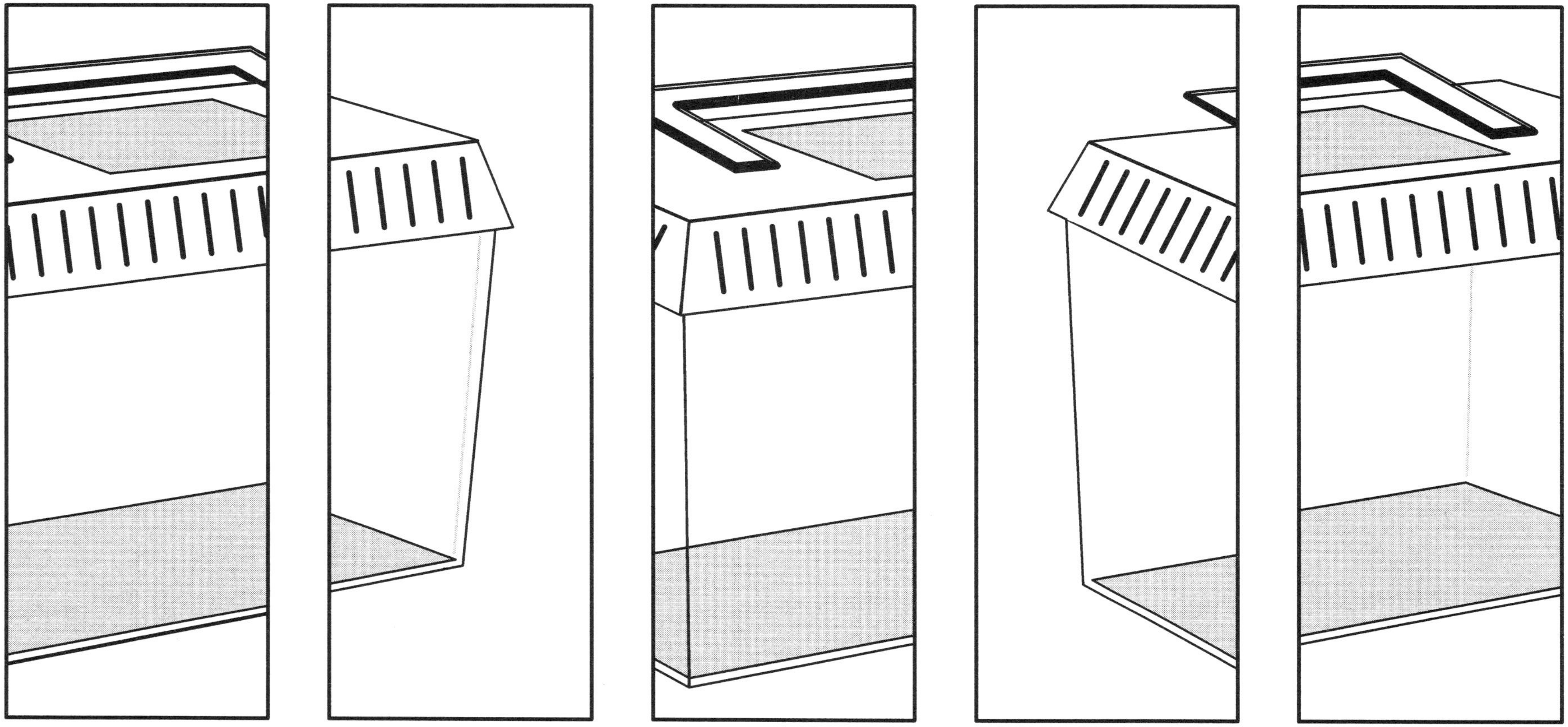

問題16

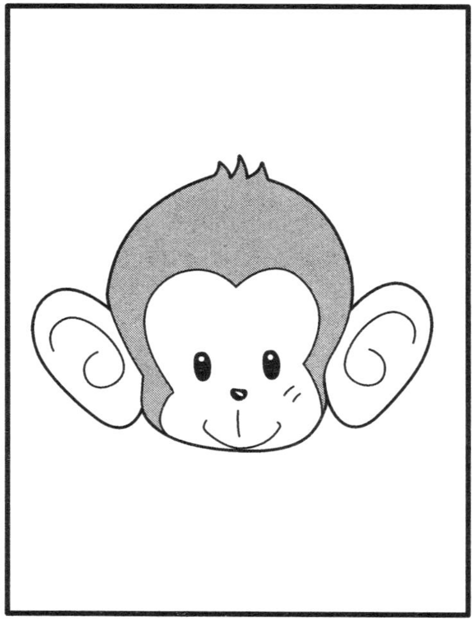

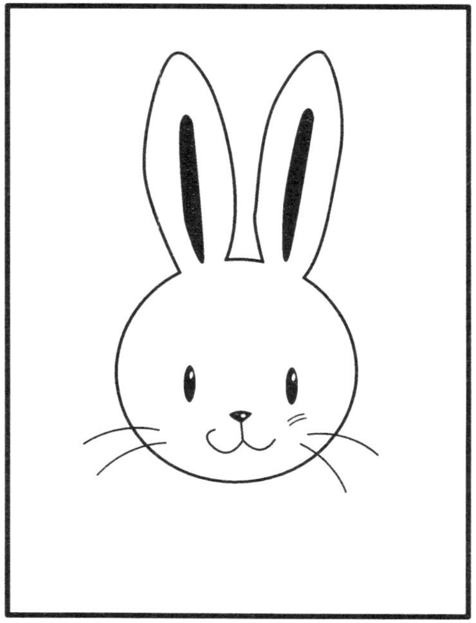

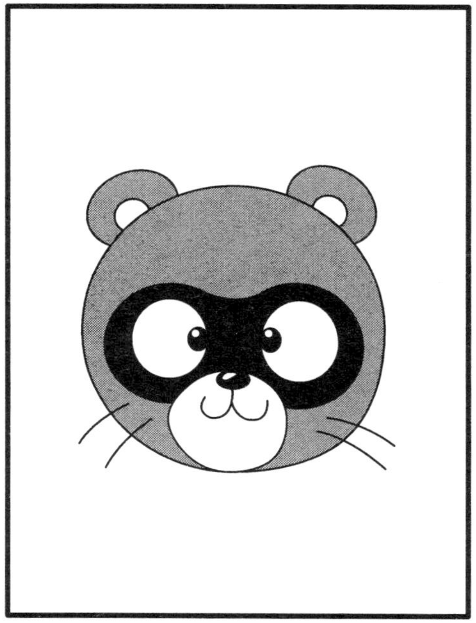

問題１７

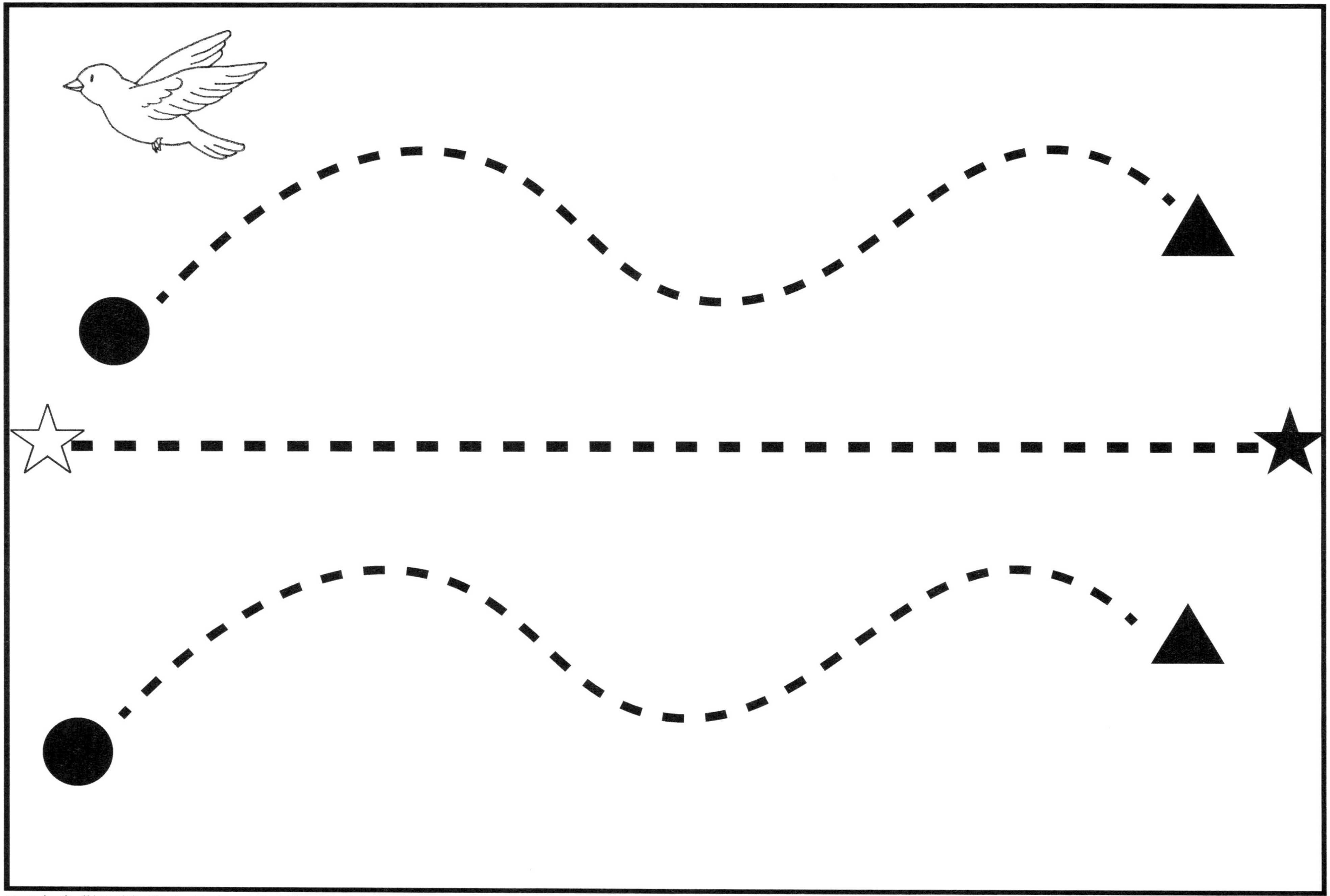

問題18－1

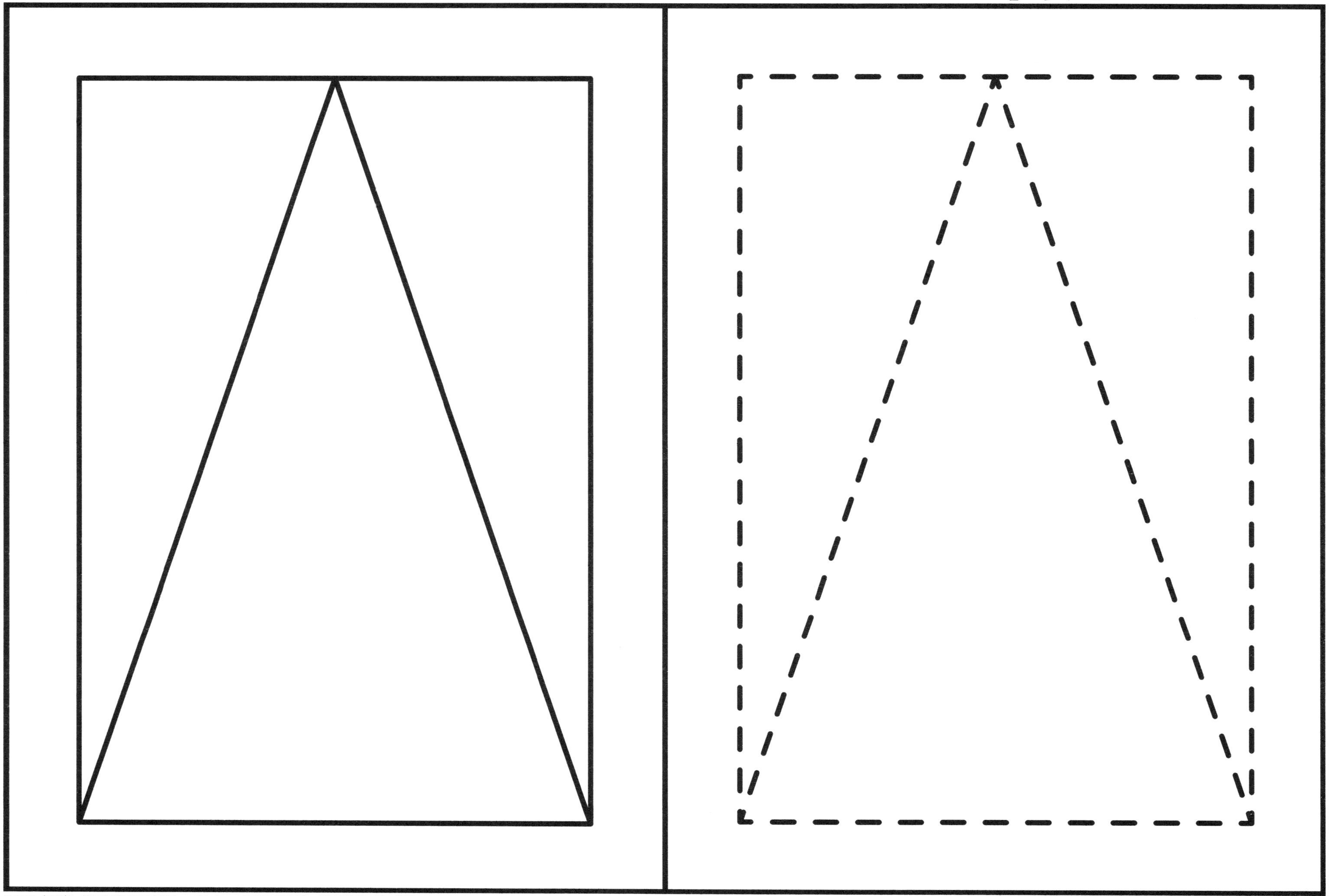

問題１８－２

①点線をなぞる

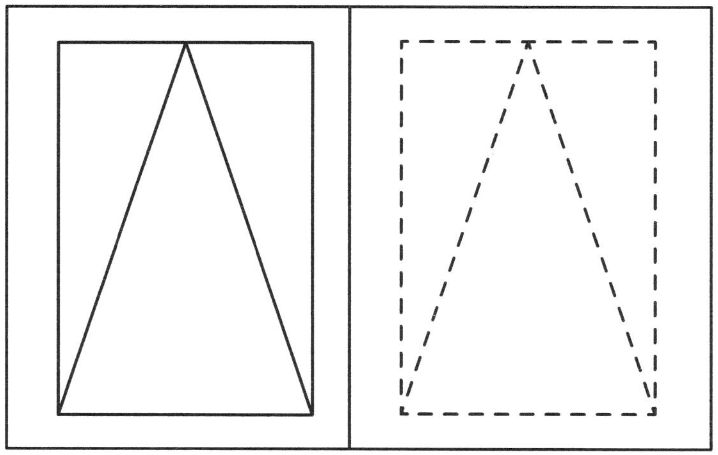

②絵が見えるように真ん中の線で折る

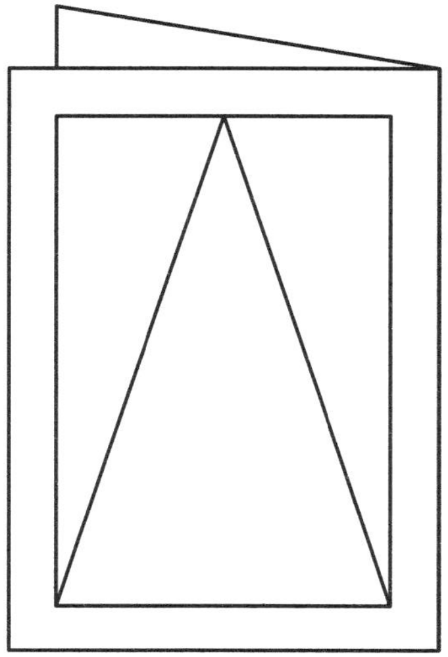

③見本の絵が描かれていない面を三角に折り返す。

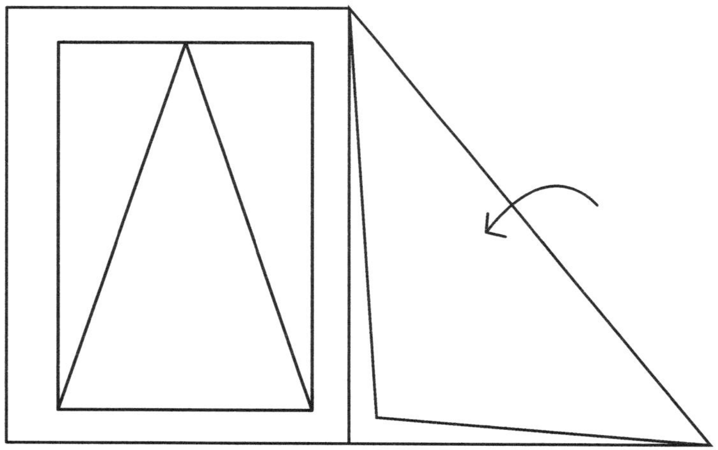

④方向を横にして立たせる。

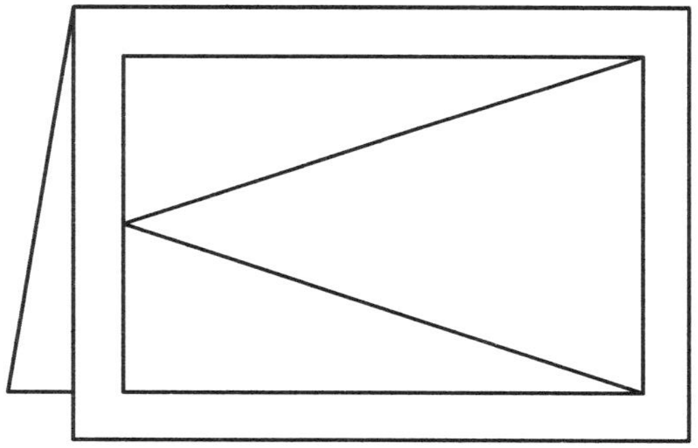

2022 年度 学習院初等科 過去 無断複製／転載を禁ずる　日本学習図書株式会社

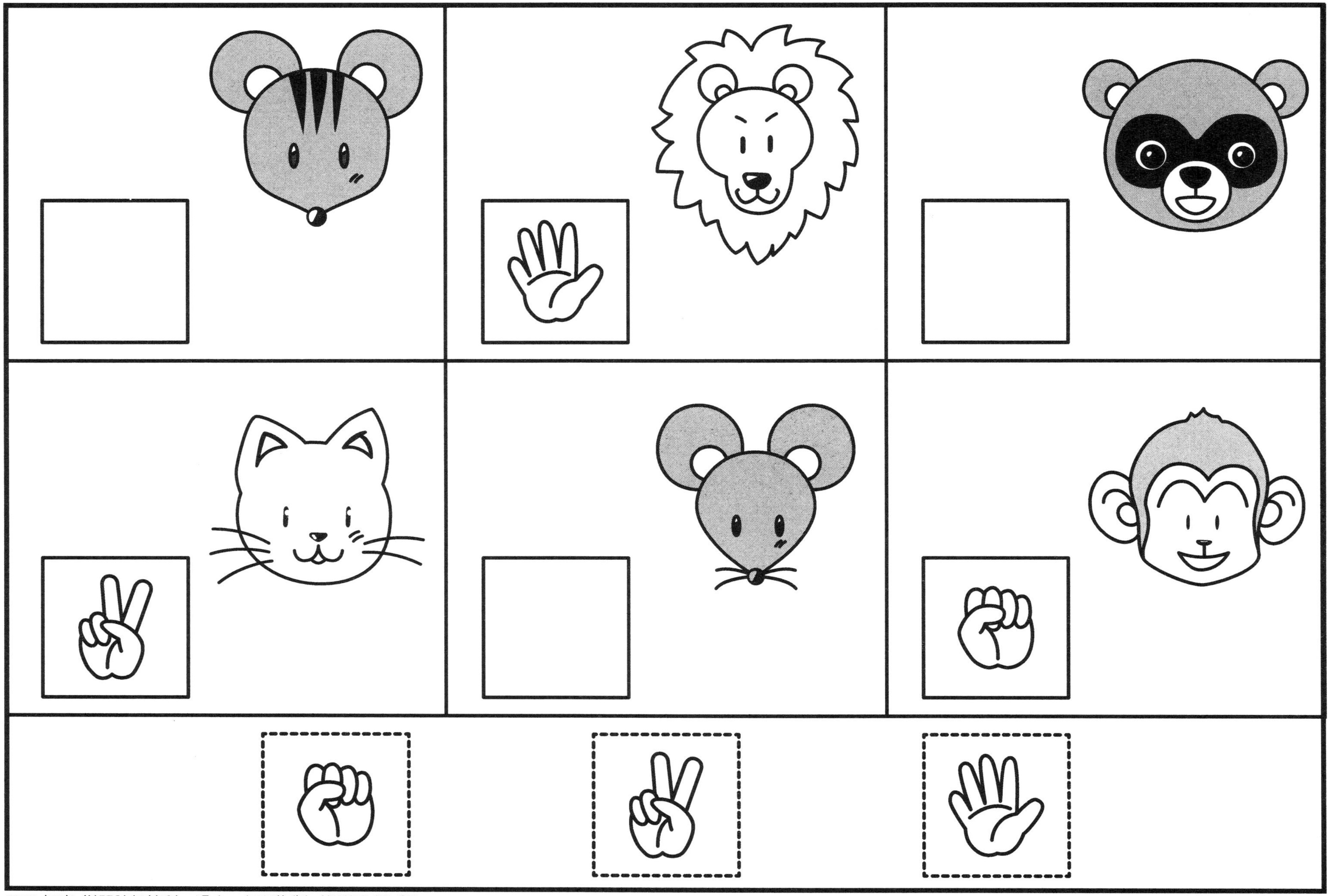

問題２０

問題22

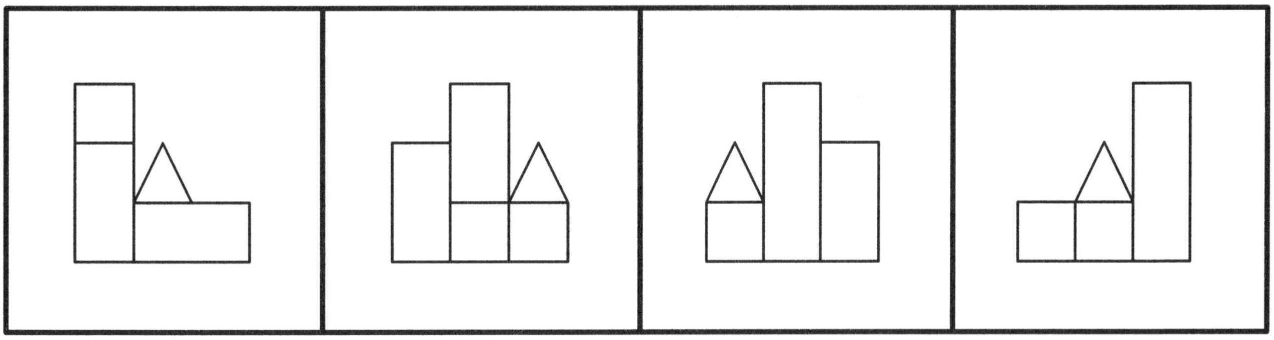

問題23－1

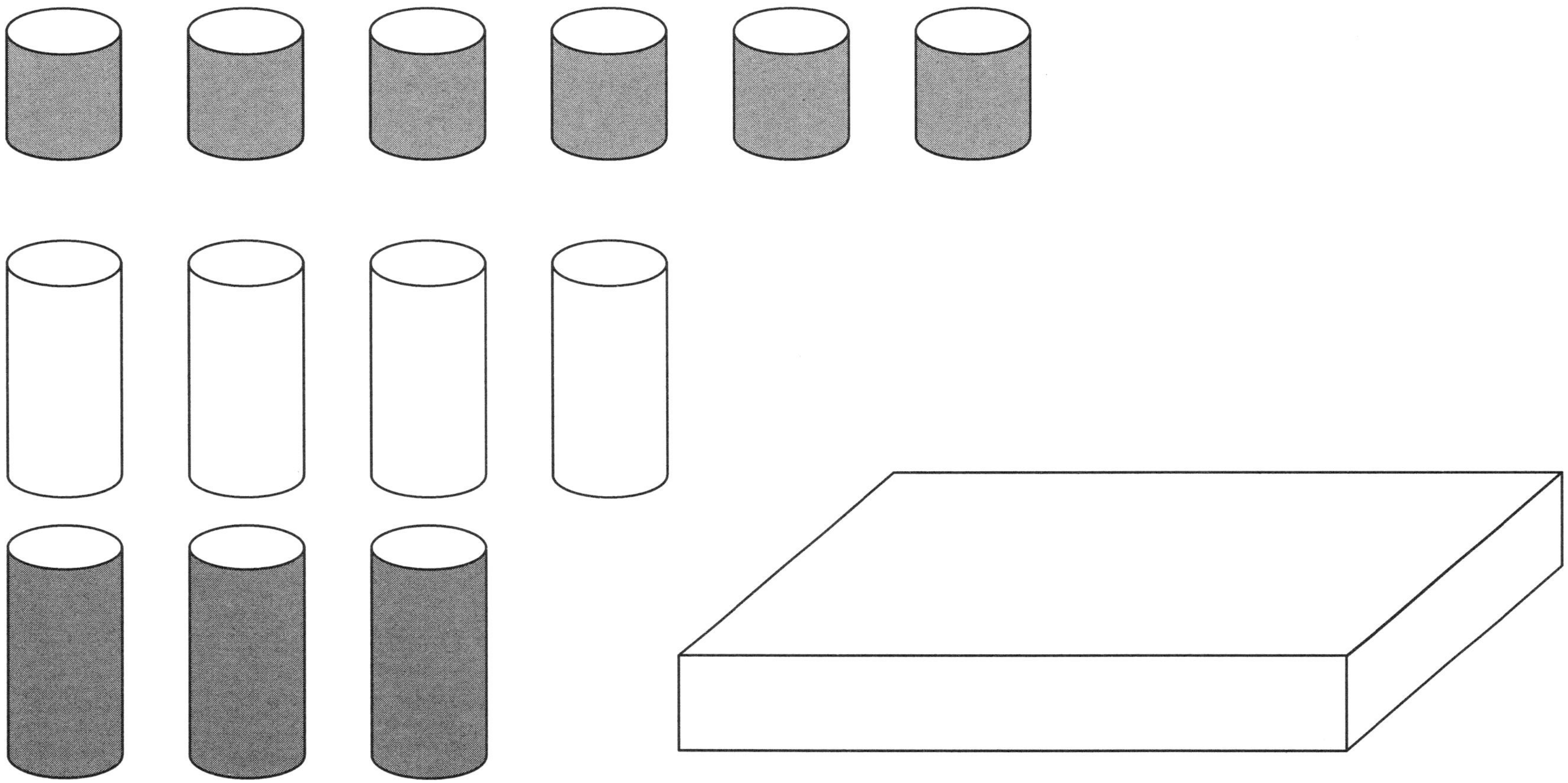

問題２３－２

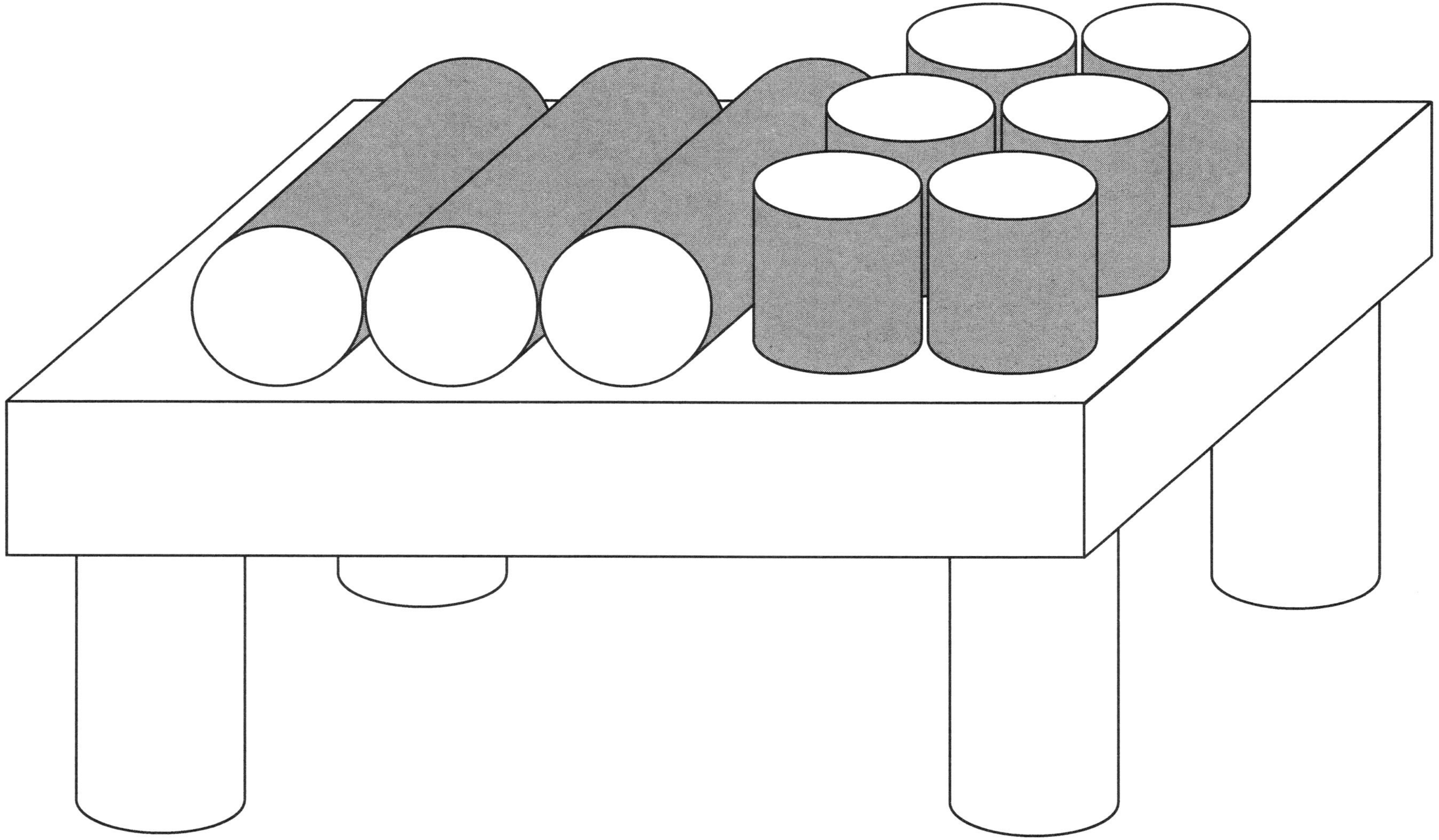

問題２４

問題28－1

2022 年度 学習院初等科 過去 無断複製／転載を禁ずる 日本学習図書株式会社

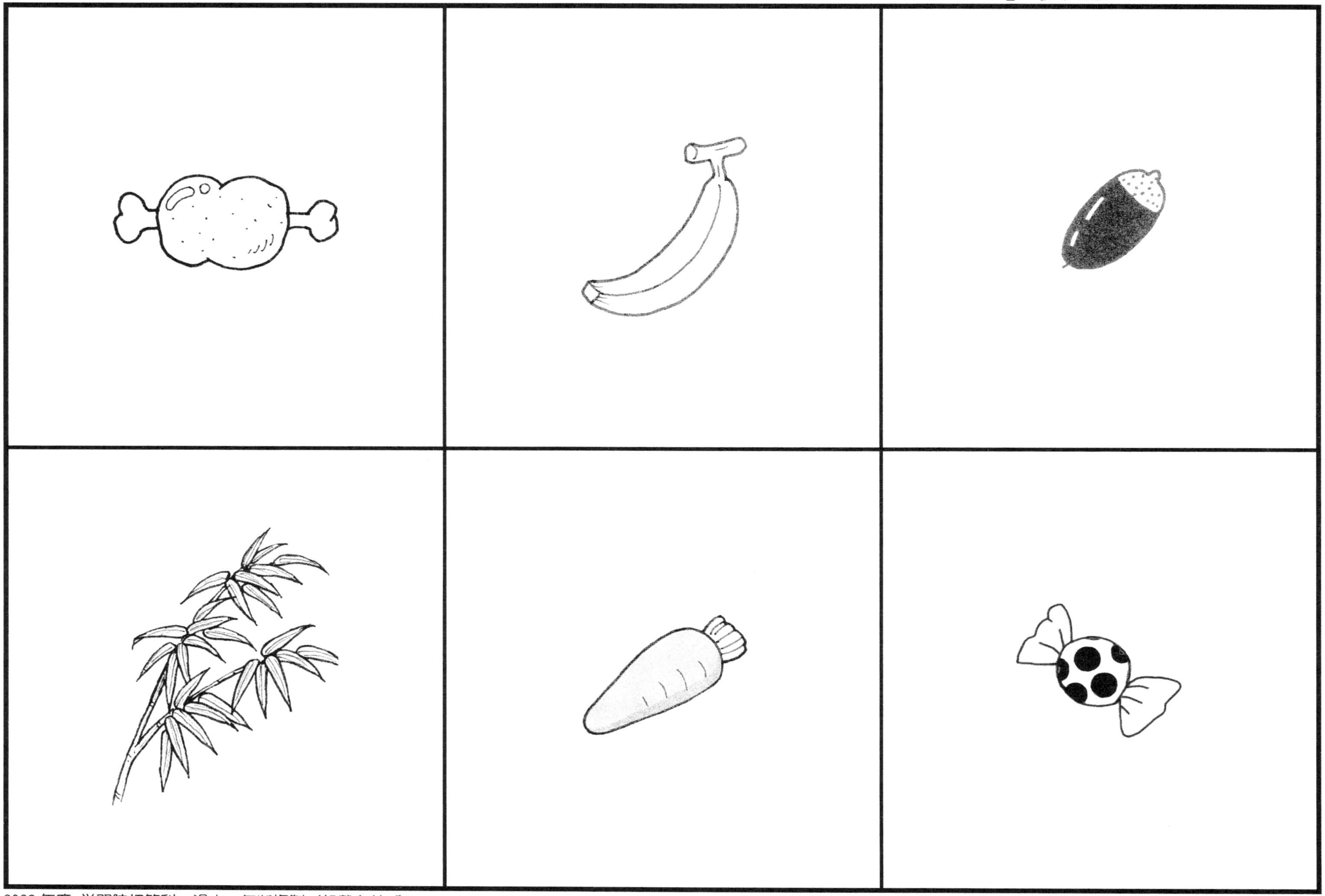

問題２９

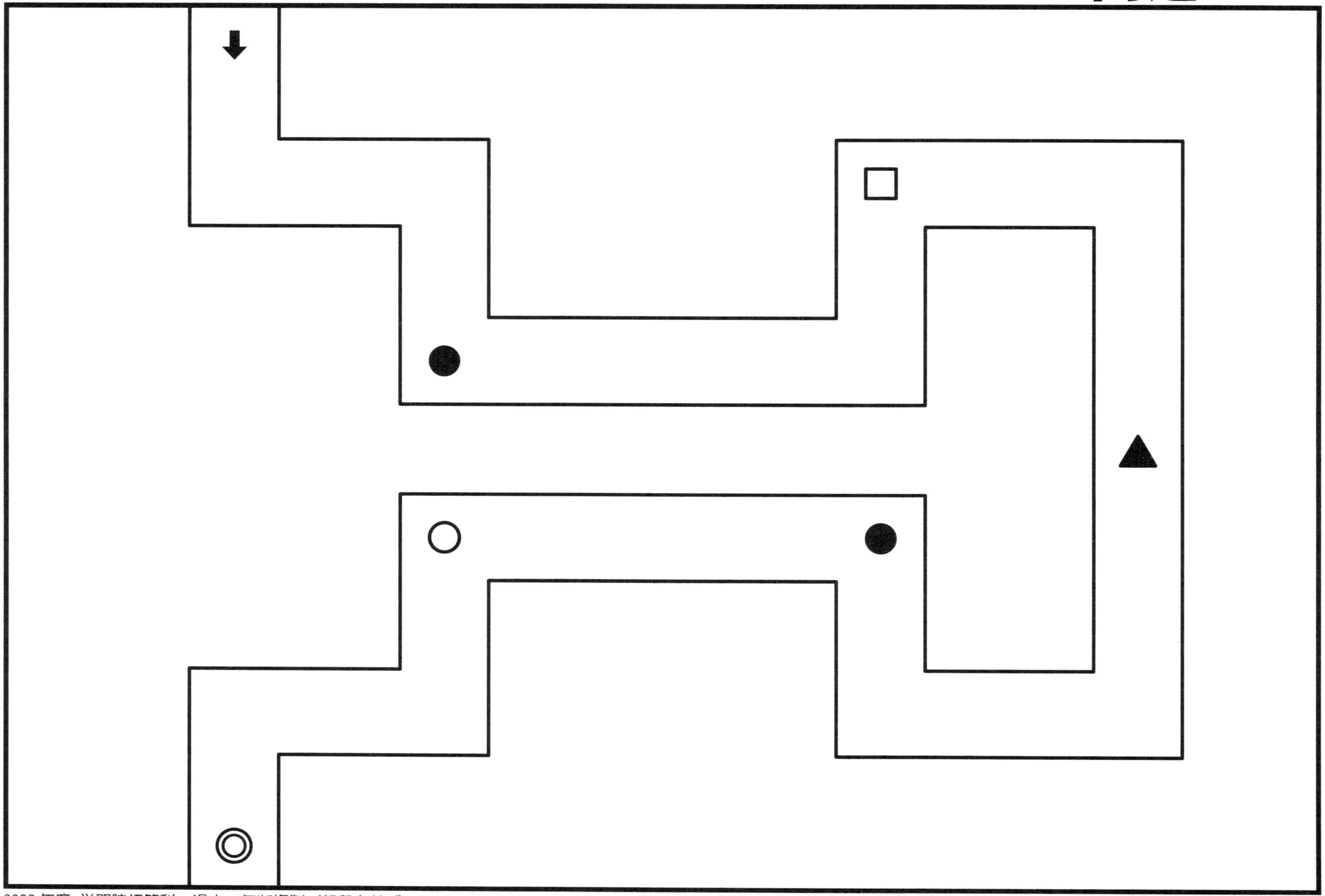

問題３０

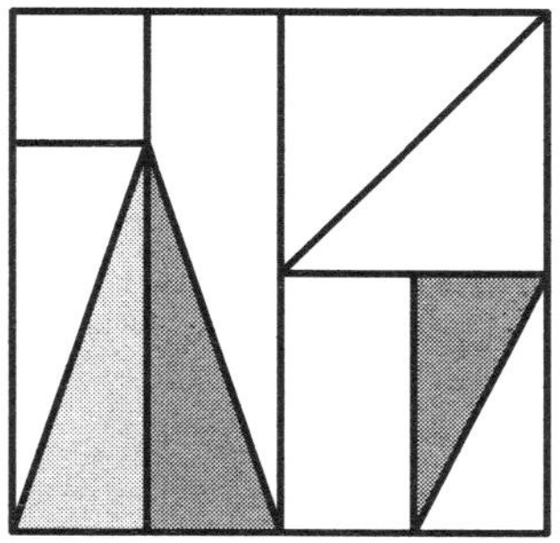

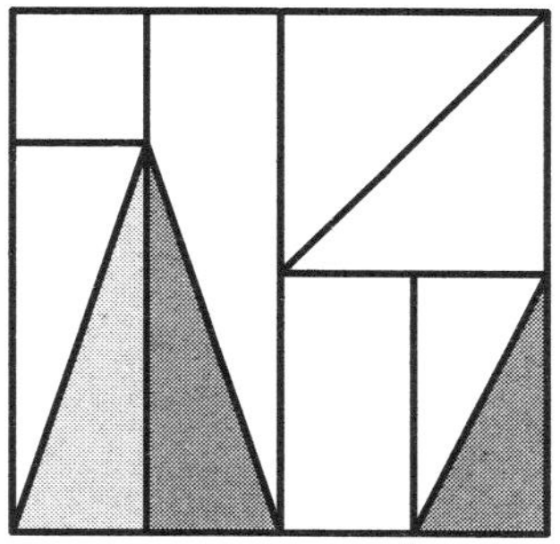

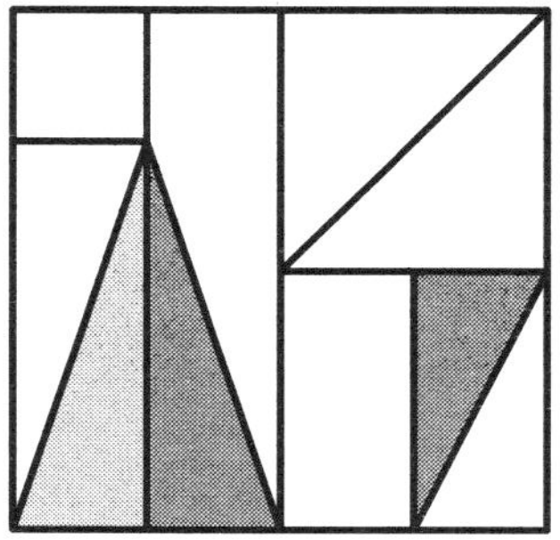

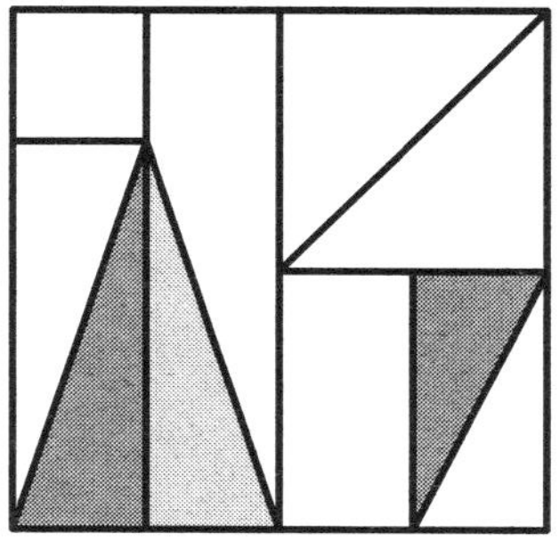

問題３１

①

②

③

④

日本学習図書株式会社

問題３６－１

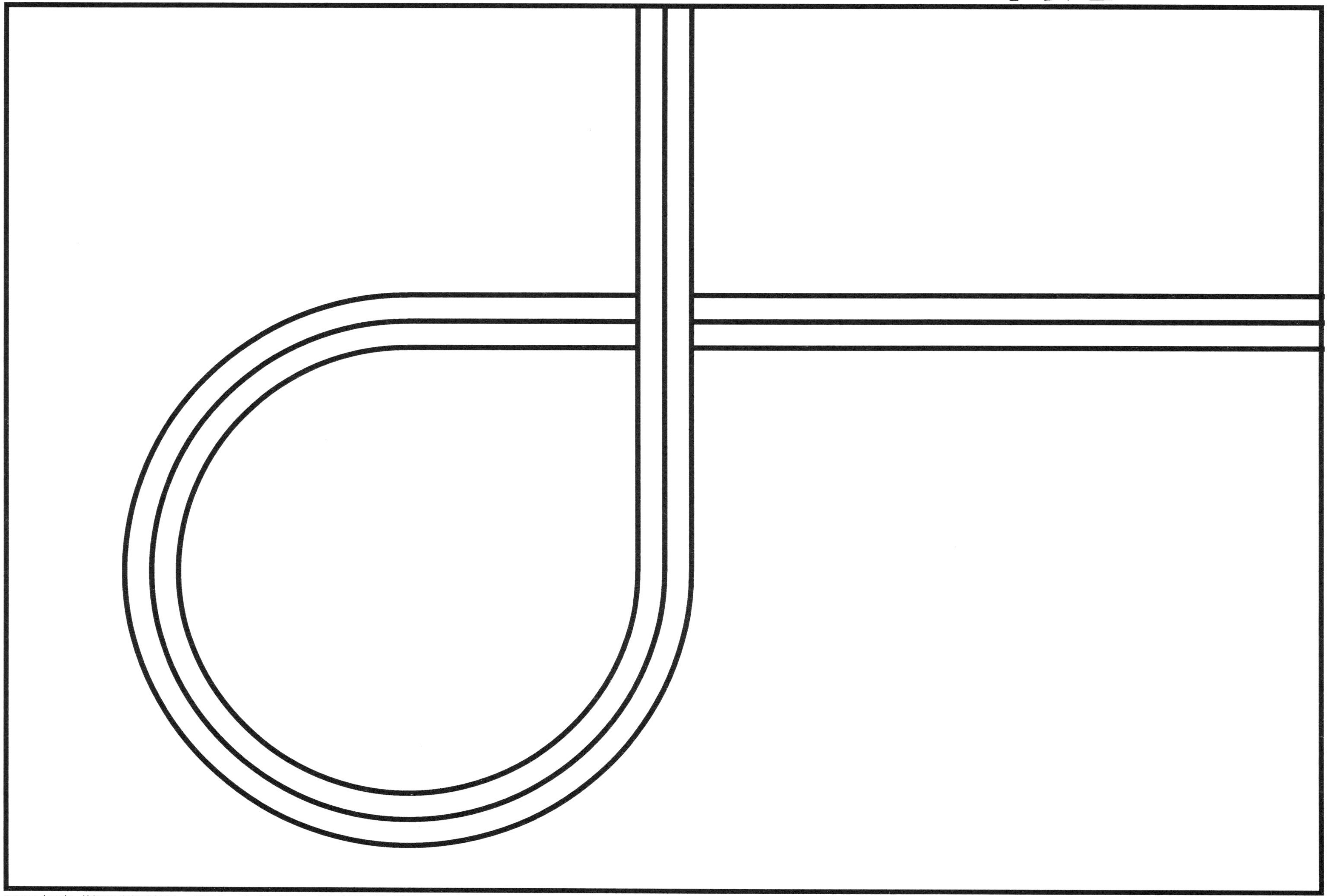

2022年度　学習院初等科　過去　無断複製/転載を禁ずる　日本学習図書株式会社

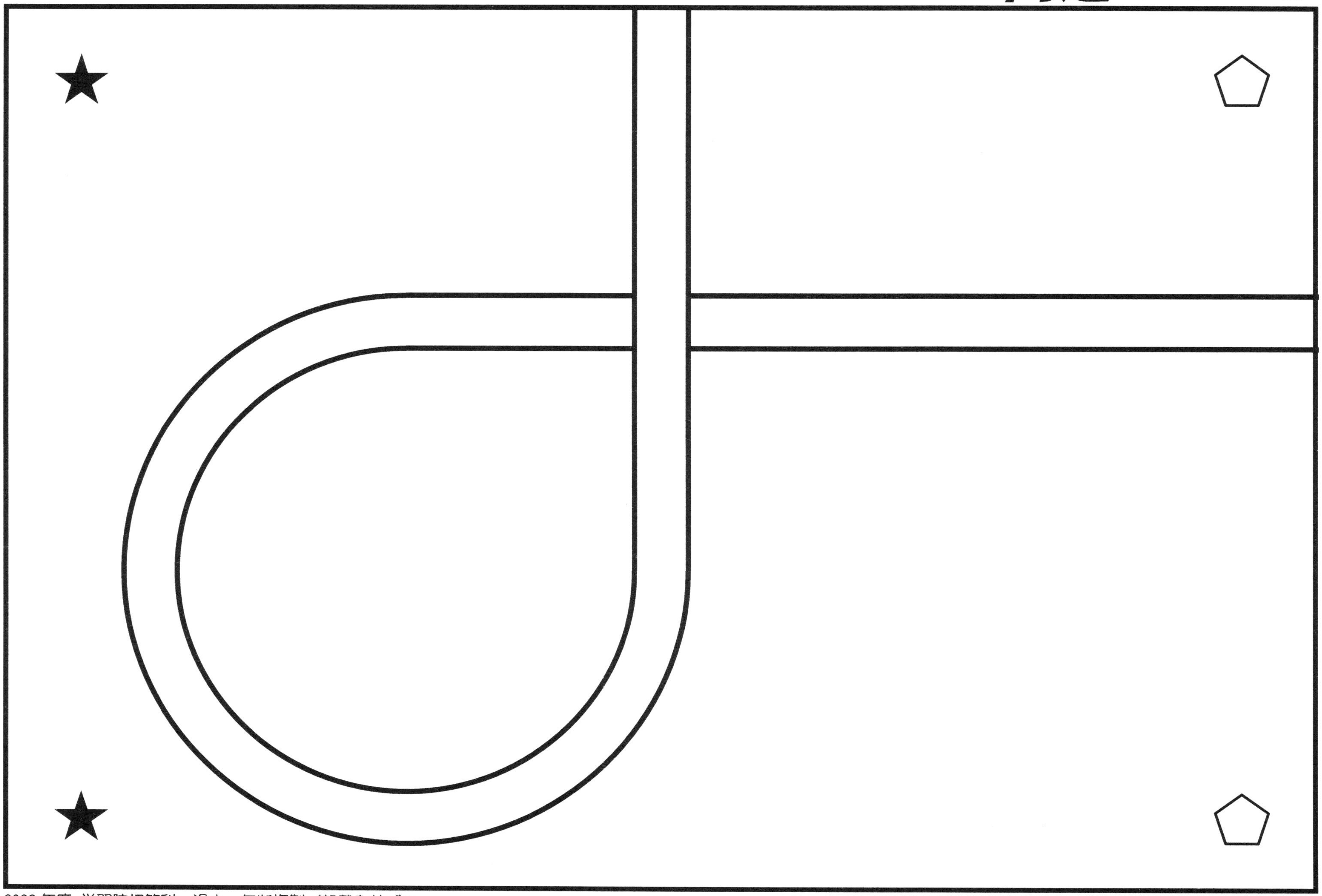

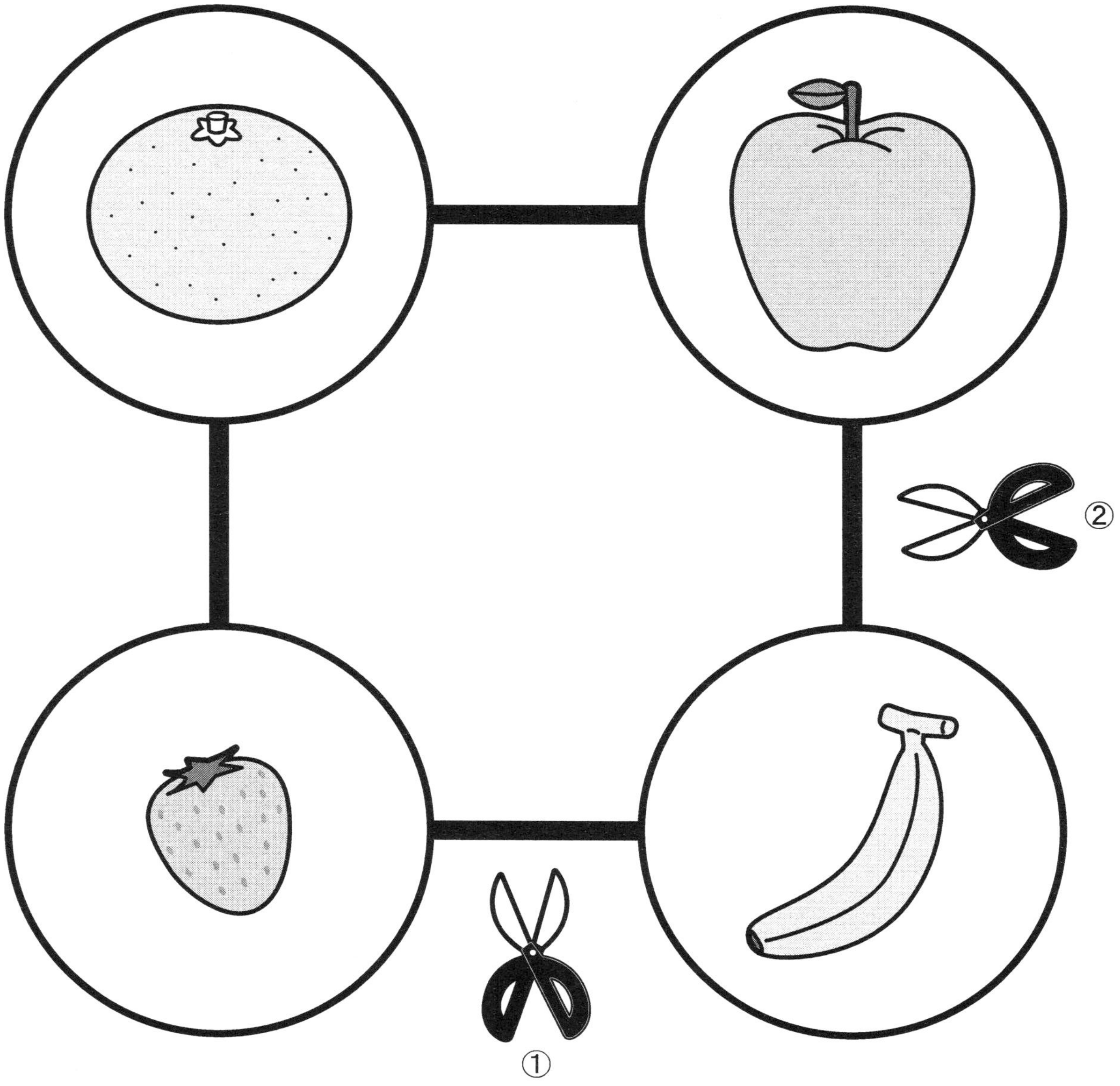
②
①

②

①

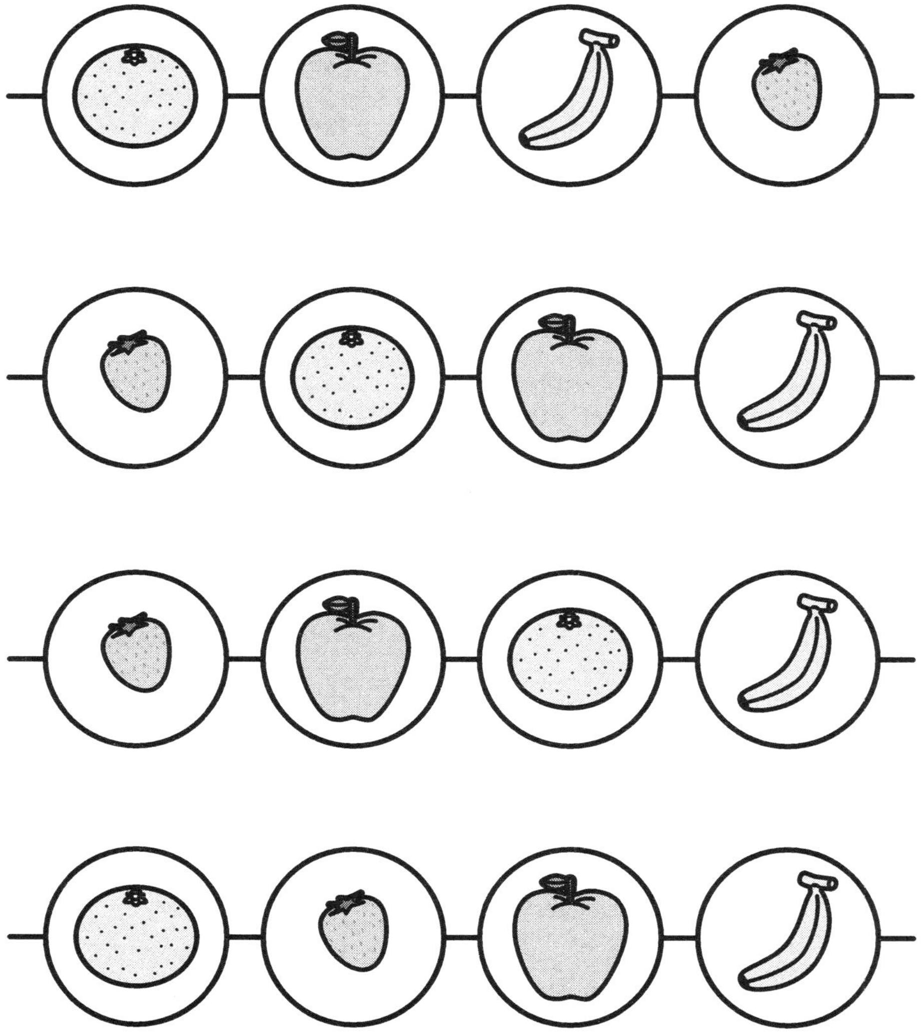

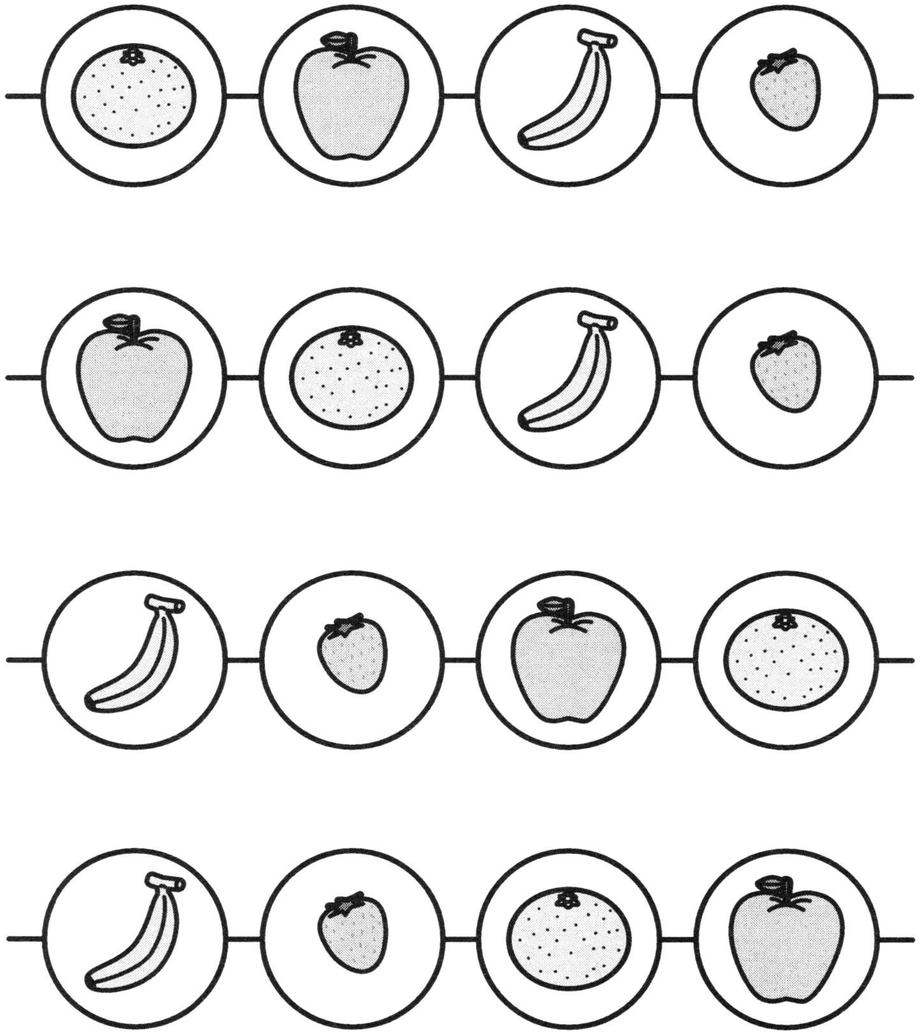

問題３８－１

①

②

②

①

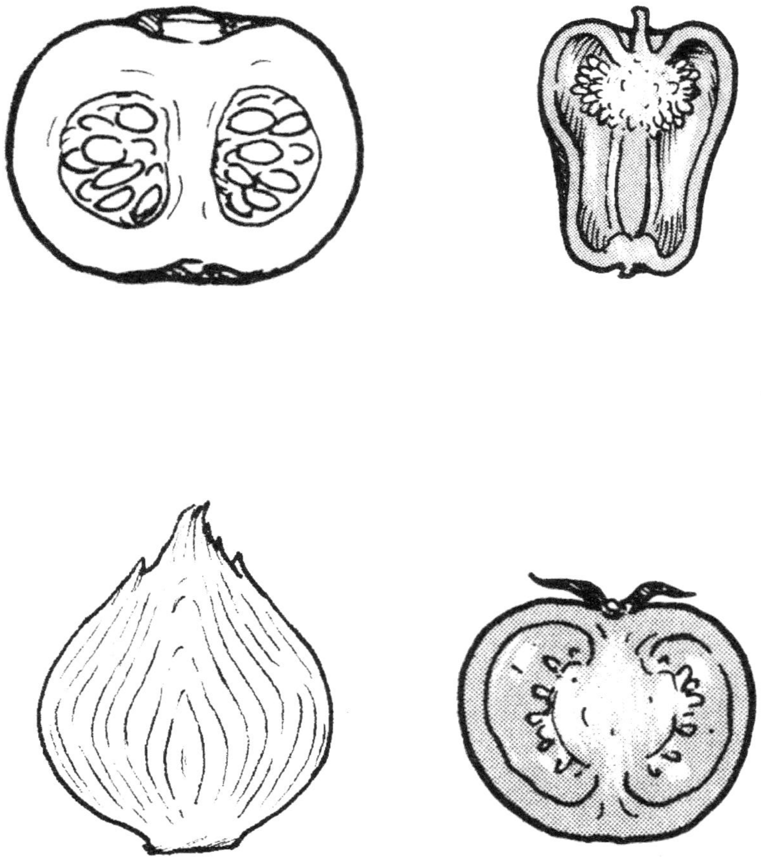

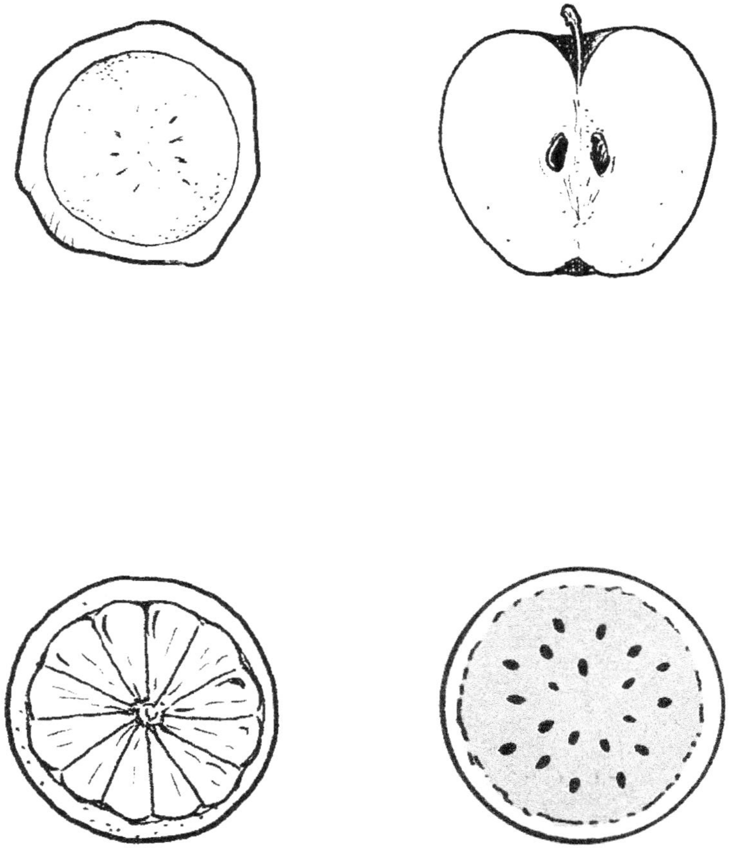

問題３ ９

問題４０

問題４１

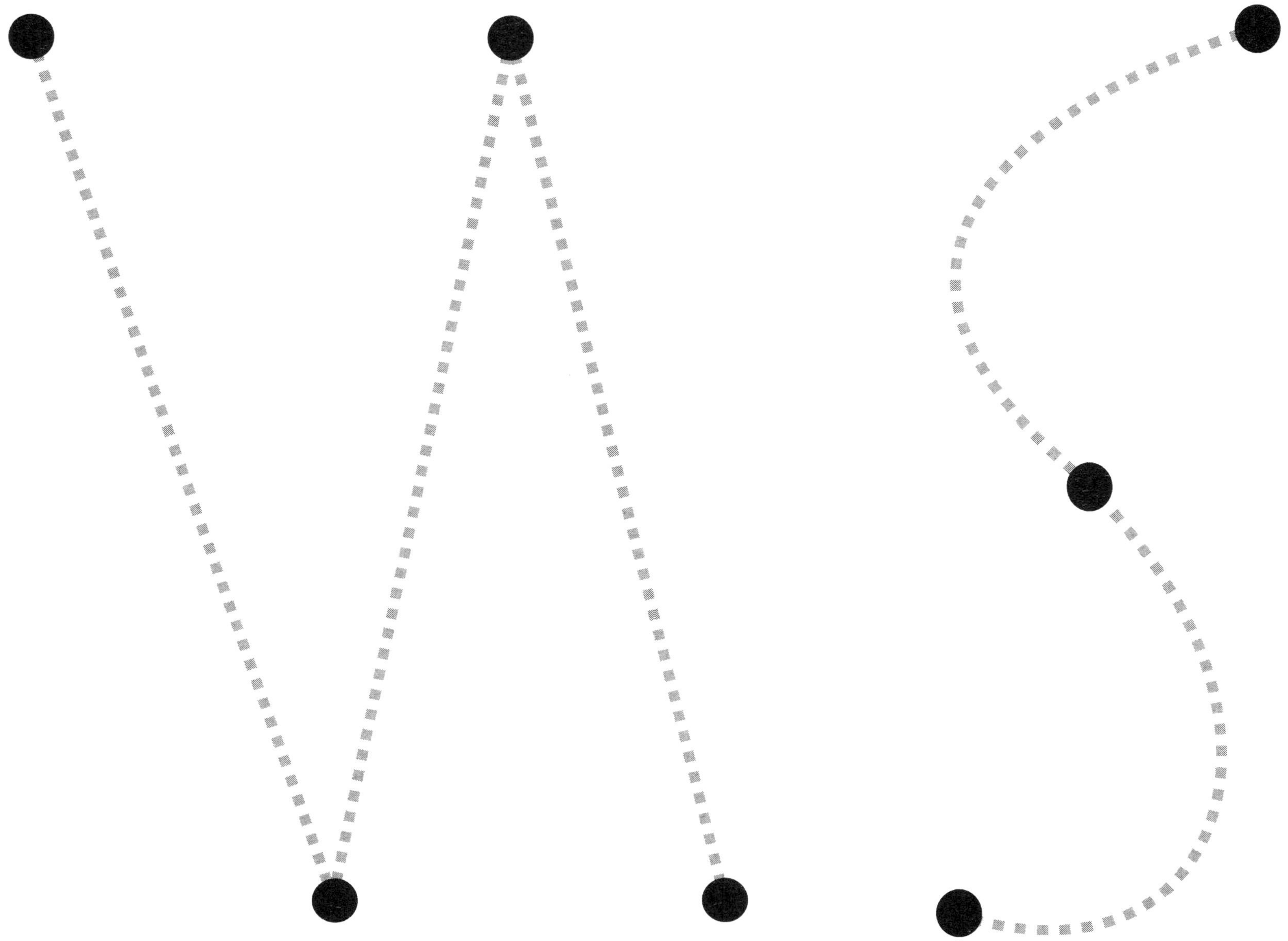

問題42－1

2022 年度 学習院初等科　過去　無断複製／転載を禁ずる　日本学習図書株式会社

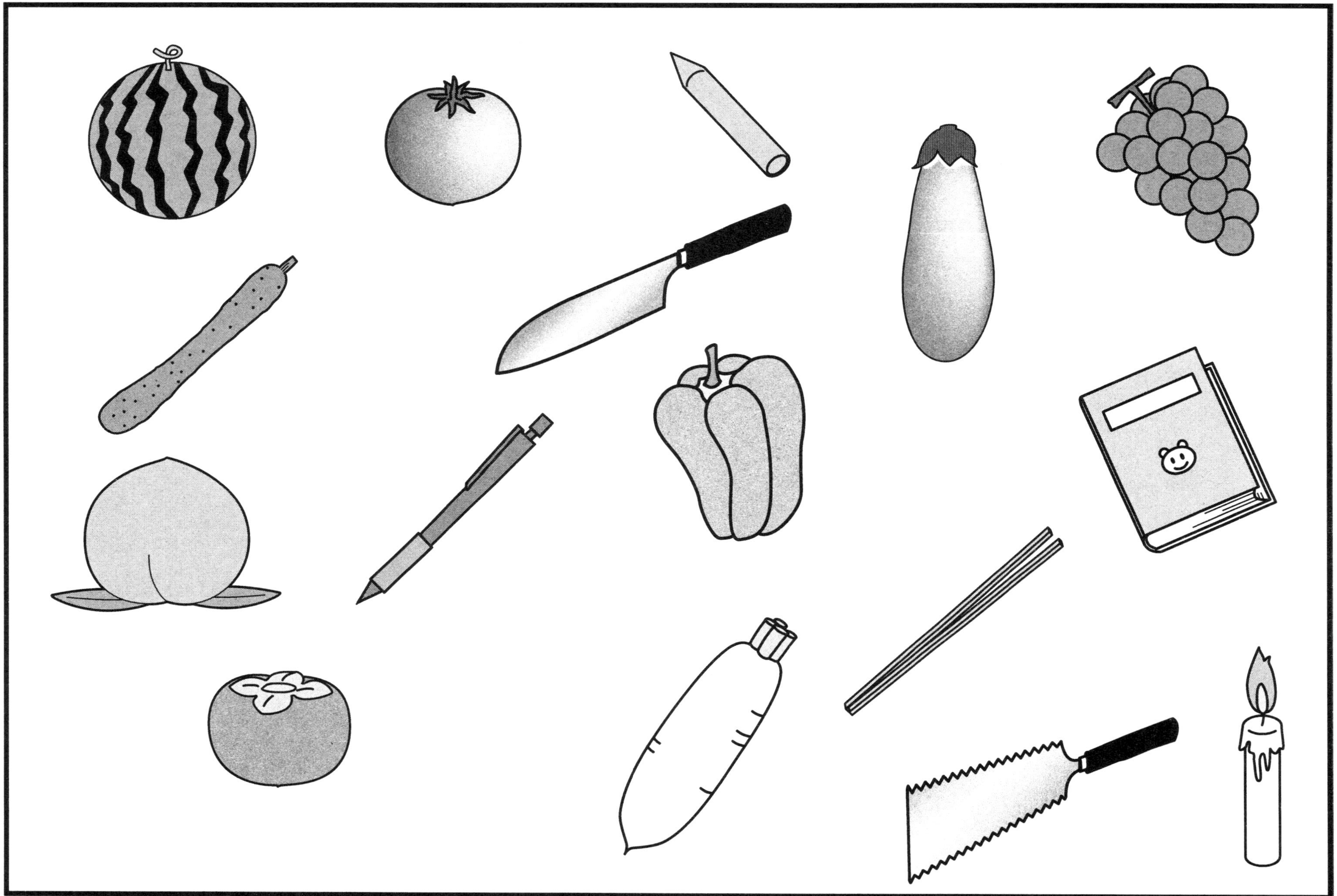

問題４３

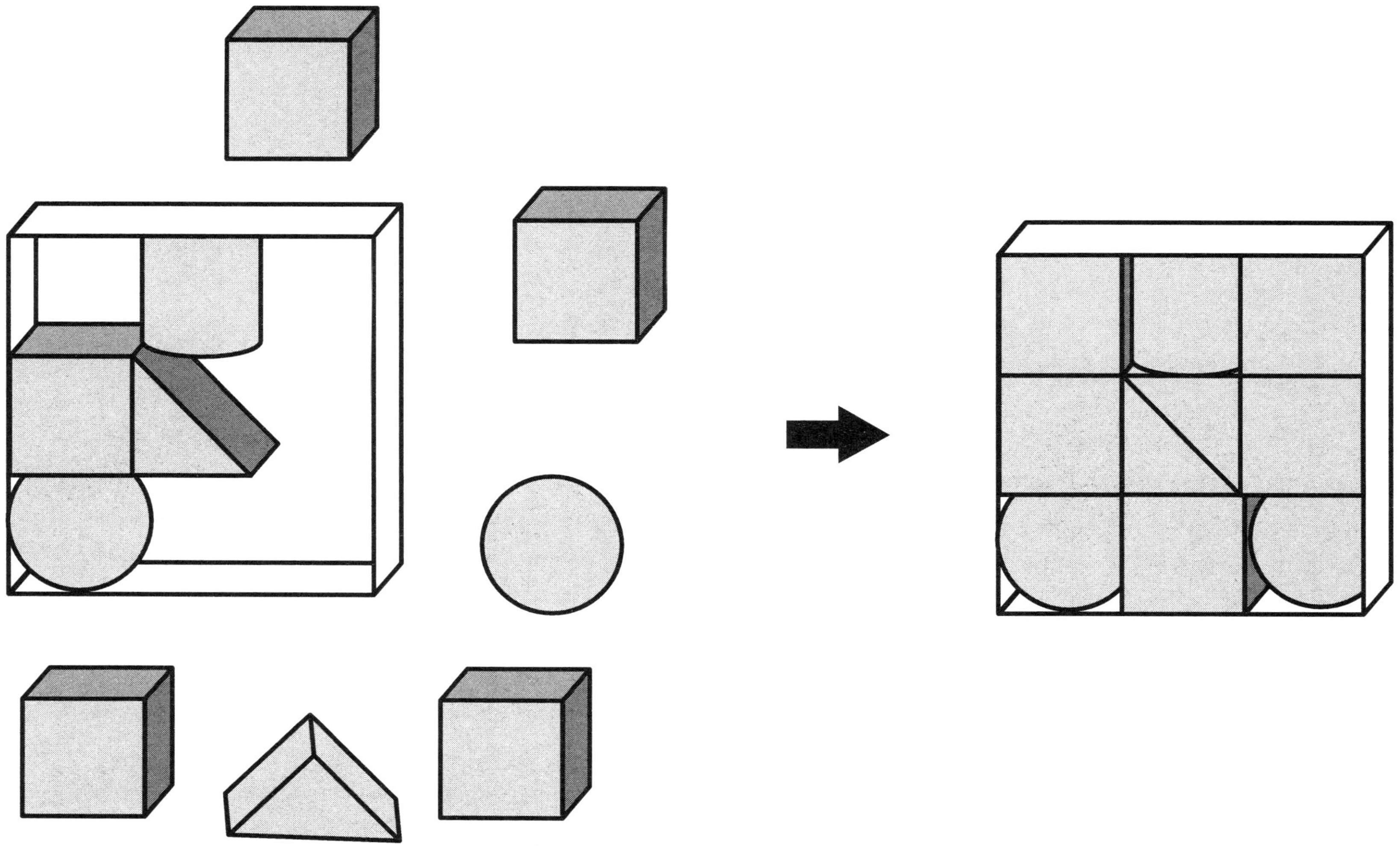

10m程度

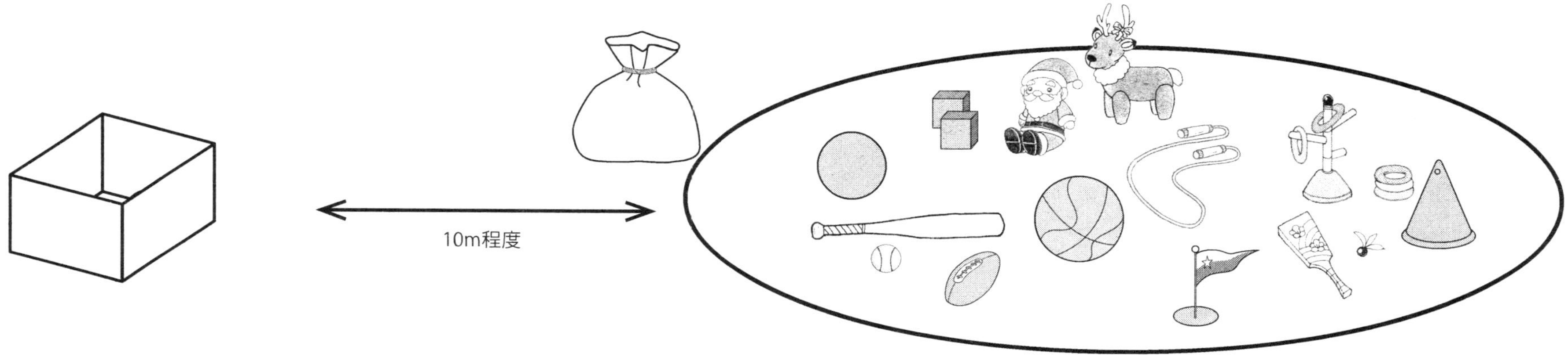

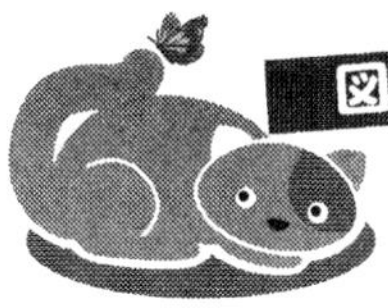

図書カード 1000 円分プレゼント

ご記入日　令和　　年　　月　　日

☆国・私立小学校受験アンケート☆

※可能な範囲でご記入下さい。選択肢は○で囲んで下さい。

〈小学校名〉＿＿＿＿＿＿＿＿＿＿＿＿　〈お子さまの性別〉男・女　〈誕生月〉＿＿月

〈その他の受験校〉（複数回答可）＿＿＿＿＿＿＿＿＿＿＿＿＿＿＿＿

〈受験日〉①：＿＿月＿＿日〈時間〉＿＿時＿＿分　～　＿＿時＿＿分

②：＿＿月＿＿日〈時間〉＿＿時＿＿分　～　＿＿時＿＿分

〈受験者数〉男女計＿＿名（男子＿＿名　女子＿＿名）

〈お子さまの服装〉＿＿＿＿＿＿＿＿＿＿＿＿＿＿＿＿

〈入試全体の流れ〉（記入例）準備体操→行動観察→ペーパーテスト

＿＿＿＿＿＿＿＿＿＿＿＿＿＿＿＿＿＿＿＿＿＿＿＿

Eメールによる情報提供

日本学習図書では、Eメールでも入試情報を募集しております。
下記のアドレスに、アンケートの内容をご入力の上、メールをお送り下さい。

ojuken@nichigaku.jp

●行動観察　（例）好きなおもちゃで遊ぶ・グループで協力するゲームなど

〈実施日〉＿＿月＿＿日〈時間〉＿＿時＿＿分　～　＿＿時＿＿分〈着替え〉□有　□無

〈出題方法〉□肉声　□録音　□その他（　　　　　　）〈お手本〉□有　□無

〈試験形態〉□個別　□集団（　　　人程度）　〈会場図〉

〈内容〉

□自由遊び

＿＿＿＿＿＿＿＿＿＿＿＿＿＿＿＿＿＿＿＿

□グループ活動

＿＿＿＿＿＿＿＿＿＿＿＿＿＿＿＿＿＿＿＿

□その他

＿＿＿＿＿＿＿＿＿＿＿＿＿＿＿＿＿＿＿＿

●運動テスト（有・無）　（例）跳び箱・チームでの競争など

〈実施日〉＿＿月＿＿日〈時間〉＿＿時＿＿分　～　＿＿時＿＿分〈着替え〉□有　□無

〈出題方法〉□肉声　□録音　□その他（　　　　　　）〈お手本〉□有　□無

〈試験形態〉□個別　□集団（　　　人程度）　〈会場図〉

〈内容〉

□サーキット運動

□走り　□跳び箱　□平均台　□ゴム跳び

□マット運動　□ボール運動　□なわ跳び

□クマ歩き

□グループ活動＿＿＿＿＿＿＿＿＿＿＿＿＿＿

□その他＿＿＿＿＿＿＿＿＿＿＿＿＿＿＿＿

●知能テスト・口頭試問

〈実施日〉＿＿月＿＿日 〈時間〉＿＿時＿＿分 ～ ＿＿時＿＿分 〈お手本〉□有 □無

〈出題方法〉 □肉声 □録音 □その他（　　　　　　） 〈問題数〉＿＿枚 ＿＿問

分野	方法	内　　容	詳　細・イ　ラ　ス　ト
（例） お話の記憶	☑筆記 □口頭	動物たちが待ち合わせをする話	（あらすじ） 動物たちが待ち合わせをした。最初にウサギさんが来た。次にイヌくんが、その次にネコさんが来た。最後にタヌキくんが来た。 （問題・イラスト） ３番目に来た動物は誰か 
お話の記憶	□筆記 □口頭		（あらすじ） （問題・イラスト）
図形	□筆記 □口頭		
言語	□筆記 □口頭		
常識	□筆記 □口頭		
数量	□筆記 □口頭		
推理	□筆記 □口頭		
その他	□筆記 □口頭		

日本学習図書株式会社

●制作　（例）ぬり絵・お絵かき・工作遊びなど

〈実施日〉＿＿月＿＿日〈時間〉＿＿時＿＿分＿＿～＿＿時＿＿分

〈出題方法〉□肉声　□録音　□その他（　　　　　　）〈お手本〉□有　□無

〈試験形態〉□個別　□集団（　　　　人程度）

材料・道具	制作内容
□ハサミ	□切る　□貼る　□塗る　□ちぎる　□結ぶ　□描く　□その他（　　　　　　）
□のり（□つぼ　□液体　□スティック）	タイトル：＿＿＿＿＿＿＿＿＿＿＿＿＿＿
□セロハンテープ	
□鉛筆　□クレヨン（　色）	
□クーピーペン（　色）	
□サインペン（　色）□	
□画用紙（□ A4　□ B4　□ A3	
□その他：　　　　　）	
□折り紙　□新聞紙　□粘土	
□その他（　　　　　　）	

●面接

〈実施日〉＿＿月＿＿日〈時間〉＿＿時＿＿分＿＿～＿＿時＿＿分＿〈面接担当者〉＿＿名

〈試験形態〉□志願者のみ（　　）名　□保護者のみ　□親子同時　□親子別々

〈質問内容〉

※試験会場の様子をご記入下さい。

□志望動機　□お子さまの様子

□家庭の教育方針

□志望校についての知識・理解

□その他（　　　　　　　　　　）

（詳　細）

・

・

・

・

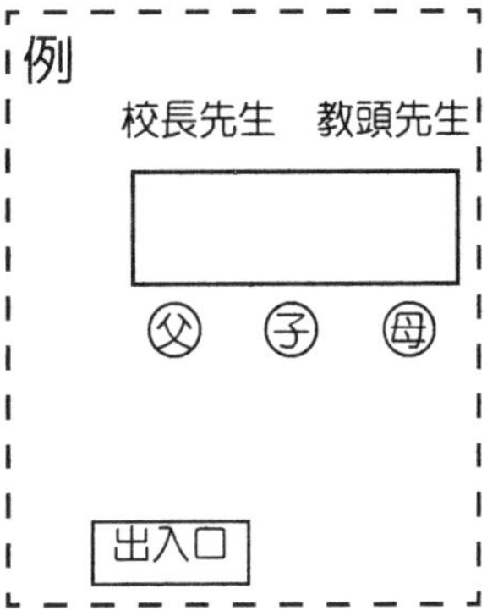

●保護者作文・アンケートの提出（有・無）

〈提出日〉□面接直前　□出願時　□志願者考査中　□その他（　　　　　　　　）

〈下書き〉□有　□無

〈アンケート内容〉

（記入例）当校を志望した理由はなんですか（150 字）

●説明会（□有　□無）〈開催日〉＿＿月＿＿日〈時間〉＿＿時＿＿分～＿＿時＿＿分

〈上履き〉□要　□不要〈願書配布〉□有　□無〈校舎見学〉□有　□無

〈ご感想〉

●参加された学校行事（複数回答可）

公開授業〈開催日〉＿＿月＿＿日〈時間〉＿＿時＿＿分～＿＿時＿＿分

運動会など〈開催日〉＿＿月＿＿日〈時間〉＿＿時＿＿分～＿＿時＿＿分

学習発表会・音楽会など〈開催日〉＿＿月＿＿日〈時間〉＿＿時＿＿分～＿＿時＿＿分

〈ご感想〉

※是非参加したほうがよいと感じた行事について

●受験を終えてのご感想、今後受験される方へのアドバイス

※対策学習（重点的に学習しておいた方がよい分野）、当日準備しておいたほうがよい物など

＊＊＊＊＊＊＊＊＊＊＊＊＊　ご記入ありがとうございました　＊＊＊＊＊＊＊＊＊＊＊＊＊

必要事項をご記入の上、ポストにご投函ください。

なお、本アンケートの送付期限は入試終了後３ヶ月とさせていただきます。また、入試に関する情報の記入量が当社の基準に満たない場合、謝礼の送付ができないことがございます。あらかじめご了承ください。

ご住所：〒＿＿＿＿＿＿＿＿＿＿＿＿＿＿＿＿＿＿＿＿

お名前：＿＿＿＿＿＿＿＿＿＿　メール：＿＿＿＿＿＿＿＿＿＿

ＴＥＬ：＿＿＿＿＿＿＿＿＿＿　ＦＡＸ：＿＿＿＿＿＿＿＿＿＿

ご記入頂いた個人に関する情報は、当社にて厳重に管理致します。弊社の個人情報取り扱いに関する詳細は、www.nichigaku.jp/policy.php の「個人情報の取り扱い」をご覧下さい。

分野別 小学入試練習帳 ジュニアウォッチャー

1．点・線図形	小学校入試で出題頻度の高い『点・線図形』の模写を、難易度の低いものから段階別に幅広く練習することができるように構成。
2．座標	図形の位置模写という作業を、難易度の低いものから段階別に練習できるように構成。
3．パズル	様々なパズルの問題を難易度の低いものから段階別に練習できるように構成。
4．同図形探し	小学校入試で出題頻度の高い、同図形選びの問題を繰り返し練習できるように構成。
5．回転・展開	図形などを回転、または展開したとき、形がどのように変化するかを学習し、理解を深められるように構成。
6．系列	数、図形などの様々な系列問題を、難易度の低いものから段階別に練習できるように構成。
7．迷路	迷路の問題を繰り返し練習できるように構成。
8．対称	対称に関する問題を４つのテーマに分類し、各テーマごとに問題を段階別に練習できるように構成。
9．合成	図形の合成に関する問題を、難易度の低いものから段階別に練習できるように構成。
10．四方からの観察	もの（立体）を様々な角度から見て、どのように見えるかを推理する問題を段階別に整理し、１つの形式で複数の問題を練習できるように構成。
11．いろいろな仲間	ものや動物、植物の共通点を見つけ、分類していく問題を中心に構成。
12．日常生活	日常生活における様々な問題を６つのテーマに分類し、各テーマごとに一つの問題形式で複数の問題を練習できるように構成。
13．時間の流れ	『時間』に着目し、様々なものごとは、時間が経過するとどのように変化するのかということを学習し、理解できるように構成。
14．数える	様々なものを『数える』ことから、数の多少の判定やかけ算、わり算の基礎までを練習できるように構成。
15．比較	比較に関する問題を５つのテーマ（数、高さ、長さ、量、重さ）に分類し、各テーマごとに問題を段階別に練習できるように構成。
16．積み木	数える対象を積み木に限定した問題集。
17．言葉の音遊び	言葉の音に関する問題を５つのテーマに分類し、各テーマごとに問題を段階別に練習できるように構成。
18．いろいろな言葉	表現力をより豊かにするいろいろな言葉として、擬態語や擬声語、同音異義語、反意語、数詞を取り上げた問題集。
19．お話の記憶	お話を聴いてその内容を記憶、理解し、設問に答える形式の問題集。
20．見る記憶・聴く記憶	「見て憶える」「聴いて憶える」という『記憶』分野に特化した問題集。
21．お話作り	いくつかの絵を元にしてお話を作る練習をして、想像力を養うことができるように構成。
22．想像画	描かれてある形や景色に好きな絵を描くことにより、想像力を養うことができるように構成。
23．切る・貼る・塗る	小学校入試で出題頻度の高い、はさみやのりなどを用いた巧緻性の問題を繰り返し練習できるように構成。
24・絵画	小学校入試で出題頻度の高い、お絵かきやぬり絵などクレヨンやクーピーペンを用いた巧緻性の問題を繰り返し練習できるように構成。
25．生活巧緻性	小学校入試で出題頻度の高い日常生活の様々な場面における巧緻性の問題集。
26．文字・数字	ひらがなの清音、濁音、拗音、拗長音、促音と１～20までの数字に焦点を絞り、練習できるように構成。
27．理科	小学校入試で出題頻度が高くなりつつある理科の問題を集めた問題集。
28．運動	出題頻度の高い運動問題を種目別に分けて構成。
29．行動観察	項目ごとに問題提起をし、「このような時はどうか、あるいはどう対処するのか」の観点から問いかける形式の問題集。
30．生活習慣	学校から家庭に提起された問題と思って、一問一問絵を見ながら話し合い、考える形式の問題集。
31．推理思考	数、量、言語、常識（含理科、一般）など、諸々のジャンルから問題を構成し、近年の小学校入試問題傾向に沿って構成。
32．ブラックボックス	箱や筒の中を通ると、どのようなお約束でどのように変化するかを推理・思考する問題集。
33．シーソー	重さの違うものをシーソーに乗せた時どちらに傾くのか、またどうすればシーソーは釣り合うのかを思考する基礎的な問題集。
34．季節	様々な行事や植物などを季節別に分類できるように知識をつける問題集。
35．重ね図形	小学校入試で頻繁に出題されている「図形を重ね合わせてできる形」についての問題を集めました。
36．同数発見	様々な物を数え「同じ数」を発見し、数の多少の判断や数の認識の基礎を学べるように構成した問題集。
37．選んで数える	数の学習の基本となる、いろいろなものの数を正しく数える学習を行う問題集。
38．たし算・ひき算１	数字を使わず、たし算とひき算の基礎を身につけるための問題集。
39．たし算・ひき算２	数字を使わず、たし算とひき算の基礎を身につけるための問題集。
40．数を分ける	数を等しく分ける問題です。等しく分けたときに余りが出るものもあります。
41．数の構成	ある数がどのような数で構成されているか学んでいきます。
42．一対多の対応	一対一の対応から、一対多の対応まで、かけ算の考え方の基礎学習を行います。
43．数のやりとり	あげたり、もらったり、数の変化をしっかりと学びます。
44．見えない数	指定された条件から数を導き出します。
45．図形分割	図形の分割に関する問題集。パズルや合成の分野にも通じる様々な問題を集めました。
46．回転図形	「回転図形」に関する問題集。やさしい問題から始め、いくつかの代表的なパターンから、段階を踏んで学習できるよう編集されています。
47．座標の移動	「マス目の指示通りに移動する問題」と「指示された数だけ移動する問題」を収録。
48．鏡図形	鏡で左右反転させた時の見え方を考えます。平面図形から立体図形、文字、絵まで。
49．しりとり	すべての学習の基礎となる「言葉」を学ぶこと、特に「語彙」を増やすことに重点をおき、さまざまなタイプの「しりとり」問題を集めました。
50．観覧車	観覧車やメリーゴーラウンドなどを舞台にした「回転系列」の問題集。「推理思考」分野の問題ですが、要素として「図形」や「数量」も含みます。
51．運筆①	鉛筆の持ち方を学び、点線なぞり、お手本を見ながらの模写で、線を引く練習をします。
52．運筆②	運筆①からさらに発展し、「欠所補完」や「迷路」などを楽しみながら、より複雑な鉛筆運びを習得することを目指します。
53．四方からの観察 積み木編	積み木を使用した「四方からの観察」に関する問題を練習できるように構成。
54．図形の構成	見本の図形がどのような部分によって形づくられているかを考えます。
55．理科②	理科的知識に関する問題を集中して練習する「常識」分野の問題集。
56．マナーとルール	道路や駅、公共の場でのマナー、安全や衛生に関する常識を学べるように構成。
57．置き換え	さまざまな具体的・抽象的事象を記号で表す「置き換え」の問題を扱います。
58．比較②	長さ・高さ・体積・数などを数学的な知識を使わず、論理的に推測する「比較」の問題を練習できるように構成。
59．欠所補完	線と線のつながり、欠けた絵に当てはまるものなどを求める「欠所補完」に取り組める問題集です。
60．言葉の音（おん）	しりとり、決まった順番の音をつなげるなど、「言葉の音」に関する問題に取り組める練習問題集です。

『読み聞かせ』×『質問』=『聞く力』

お話の記憶の練習に最適

1話5分の
読み聞かせお話集①②

「アラビアン・ナイト」「アンデルセン童話」「イソップ寓話」「グリム童話」、日本や各国の民話、昔話、偉人伝の中から、教育的な物語や、過去に小学校入試でも出題された有名なお話を中心に掲載。お話ごとに、内容に関連したお子さまへの質問も掲載しています。「読み聞かせ」を通して、お子さまの『聞く力』を伸ばすことを目指します。

①巻・②巻　各48話

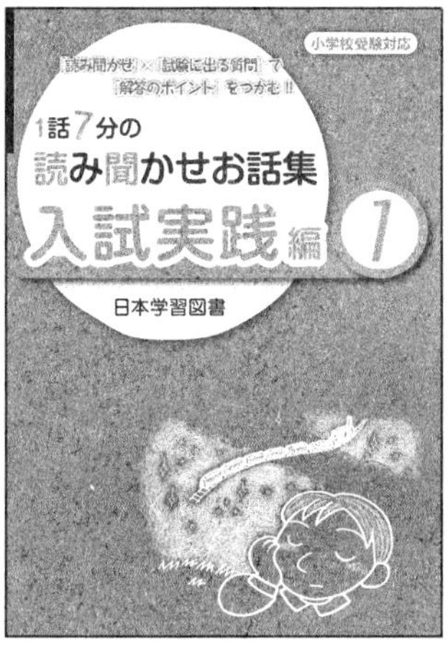

1話7分の読み聞かせお話集
入試実践編①

国立・私立小学校受験対応

最長1,700文字の長文のお話を掲載。有名でない=「聞いたことのない」お話を聞くことで、『集中力』のアップを目指します。設問も、実際の試験を意識した設問としています。ペーパーテスト実施校の多くが「お話の記憶」の問題を出題します。毎日の「読み聞かせ」と「試験に出る質問」で、「解答のポイント」をつかんで臨みましょう！

50話収録

ニチガクの　この5冊で受験準備も万全！

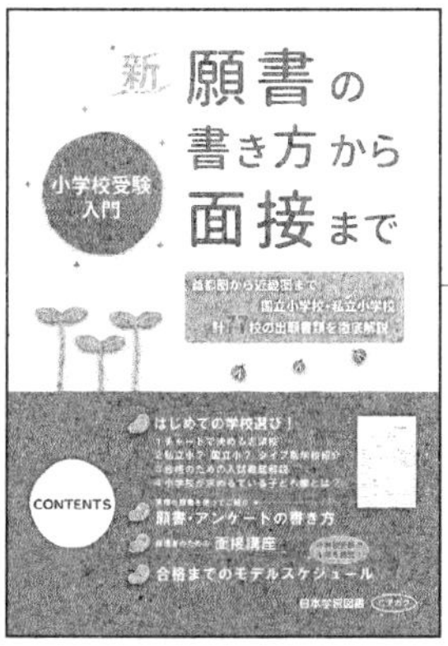

小学校受験入門
願書の書き方から面接まで　リニューアル版

主要私立・国立小学校の願書・面接内容を中心に、学校選びや入試の分野傾向、服装コーディネート、持ち物リストなども網羅し、受験準備全体をサポートします。

小学校受験で
知っておくべき125のこと

小学校受験の基本から怪しい「ウワサ」まで、保護者の方々からの125の質問にていねいに解答。目からウロコのお受験本。

新　小学校受験の
入試面接Q＆A　リニューアル版

過去十数年に遡り、面接での質問内容を網羅。小学校別、父親・母親・志願者別、さらに学校のこと・志望動機・お子さまについてなど分野ごとに模範解答例やアドバイスを掲載。

新　願書・アンケート
文例集500　リニューアル版

有名私立小、難関国立小の願書やアンケートに記入するための適切な文例を、質問の項目別に収録。合格を掴むためのヒントが満載！願書を書く前に、ぜひ一度お読みください。

小学校受験に関する
保護者の悩みQ＆A

保護者の方約1,000人に、学習・生活・躾に関する悩みや問題を取材。その中から厳選した200例以上の悩みに、「ふだんの生活」と「入試直前」のアドバイス2本立てで悩みを解決。

日本学習図書株式会社

家庭学習をトータルサポート！ ニチガクのオリジナル 効果的 学習法

1 まずは アドバイスページを読む！

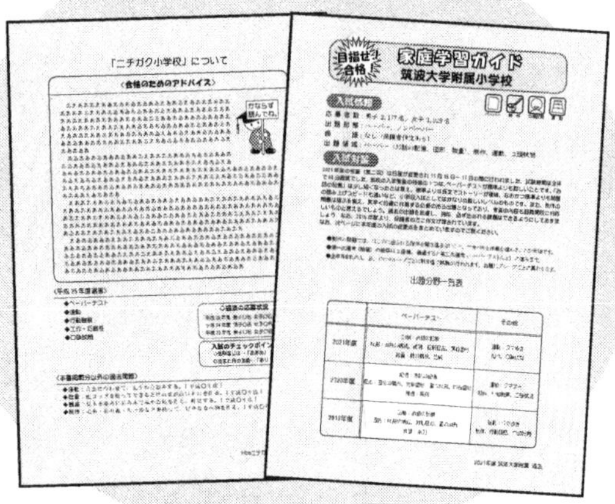

ピンク色です

対策や試験ポイントがぎっしりつまった「家庭学習ガイド」。分野アイコンで、試験の傾向をおさえよう！

2 問題をすべて読み、出題傾向を把握する

3 「学習のポイント」で学校側の観点や問題の解説を熟読

4 はじめて過去問題にチャレンジ！

5 プラスα 対策問題集や類題で力を付ける

過去問のこだわり

最新問題は問題ページ、イラストページ、解答・解説ページが独立しており、お子さまにすぐに取り掛かっていただける作りになっています。
ニチガクの学校別問題集ならではの、学習法を含めたアドバイスを利用して効率のよい家庭学習を進めてください。

各問題のジャンル

問題7 分野：図形（図形の構成） Aグループ男子

〈解答〉 下図参照

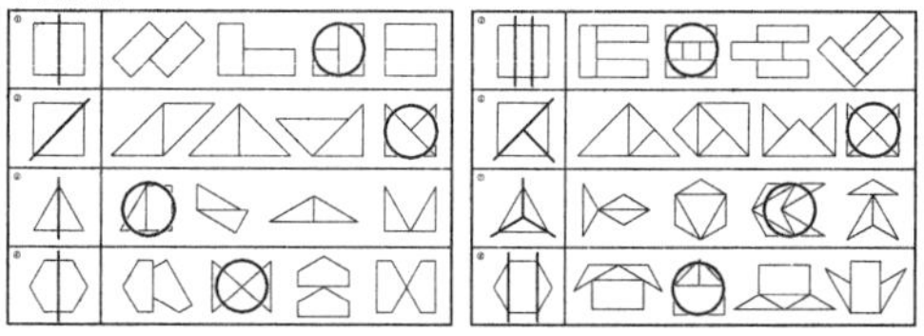

図形の構成の問題です。解答時間が圧倒的に短いので、直感的に答えないと全問答えることはできないでしょう。例年ほど難しい問題ではないので、ある程度準備をしたお子さまなら可能のはずです。注意すべきなのはケアレスミスで、「できないものはどれですか」と聞かれているのに、できるものに○をしたりしてはおしまいです。こういった問題では基礎とも言える問題なので、もしわからなかった場合は基礎問題を分野別の問題集などでおさらいしておきましょう。

【おすすめ問題集】
★筑波大附属小学校図形攻略問題集①②★（書店では販売しておりません）
Jr・ウォッチャー9「合成」、54「図形の構成」

学習のポイント

各問題の解説や学校の観点、指導のポイントなどを教えます。
今日から保護者の方が家庭学習の先生に！

おすすめ対策問題集

分野ごとに対策問題集をご紹介。苦手分野の克服に最適です！
＊専用注文書付き。

2022年度版 学習院初等科 過去問題集

発行日 2021年8月6日
発行所 〒162-0821 東京都新宿区津久戸町 3-11-9F
日本学習図書株式会社
電 話 03-5261-8951 ㈹

ISBN978-4-7761-5344-3
C6037 ￥2000E
定価 2,200 円
(本体 2,000 円 + 税 10%)
9784776153443
1926037020004

詳細は http://www.nichigaku.jp 日本学習図書 検 索